北京市房山区教师进修学校高信度高效能学生发展评价支持体系建设项目基本科研业务费专项资金项目成果（一）

数据·工具·报告

李兆端　王梦瑶　曹锐　编著

天津出版传媒集团

天津科学技术出版社

图书在版编目(CIP)数据

数据·工具·报告 / 李兆端, 王梦瑶, 曹锐编著
. -- 天津：天津科学技术出版社, 2023.6
ISBN 978-7-5742-1360-9

Ⅰ.①数… Ⅱ.①李… ②王… ③曹… Ⅲ.①计算机辅助教学－教学研究 Ⅳ.①G434

中国国家版本馆CIP数据核字(2023)第118326号

数据·工具·报告
SHUJU GONGJU BAOGAO

责任编辑：王　冬
责任印制：兰　毅

出　　版：	天津出版传媒集团 天津科学技术出版社
地　　址：	天津市西康路35号
邮　　编：	300051
电　　话：	（022）23332377
网　　址：	www.tjkjcbs.com.cn
发　　行：	新华书店经销
印　　刷：	石家庄汇展印刷有限公司

开本 710×1000　1/16　印张 16　字数 220 000
2023年6月第1版第1次印刷
定价：98.00元

总 序

　　新世纪以来的 20 余年,在北京市房山区委、区政府的正确领导下,在社会各界和广大人民群众的热心支持下,在全区教育系统广大教职员工的共同努力下,房山教育以推动优质均衡和高质量发展为目标,为提高基层管理水平,建设完善了房山教育工作标准体系,制定了"阶段性质量标准""各类工作规程""课堂质量标准""课堂质量评价""学业质量评价实施意见"等相关标准及规定性文件,彻底颠覆了以考试成绩为主的奖惩标准,形成了聚焦课堂、聚焦学生核心素养提升的育人生态,历史性地将结果式管理变革为过程式治理,使全区大面积提高教育质量成为现实。

　　在深化教学改革方面,房山教育以课程改革为主线,深入推进课堂教学改革,在课堂质量评价基础上,全面启动了教师教学质量全程评价,通过诊断性评价、形成性评价和总结性评价,对教师的工作态度、课堂教学、教学业绩进行全面、科学的考核,形成了教学质量全程监控和评价的工作体系,有效地提升了教学评价的科学化水平。

　　在推进考试评价研究工作方面,房山教育规范考试管理,制定实施《大型考试考务管理流程》,初步建立了全区考试质量分析系统,推进试用考试质量分析平台与无纸化"网络阅卷",从命题质量、教学效果、学生发展三个维度进行全面、系统、科学的分析,标志着考试评价研究取得了实质性突破。

　　2020 年 10 月,中共中央、国务院在《深化新时代教育评价改革总体方案》中强调,落实改革责任,加强专业化建设,营造良好氛围,提高教师教育评价能力,创新评价工具,利用人工智能、大数据等现代信息技术,探索开展学生各年级学习情况全过程纵向评价、德智体美劳全要素横向评价，提高教育评价的科学性、专业性、客观性。

近几年来，在教育政策的指引下，房山教育着力探究如何依托区域教育教学高质量发展的现实要求，提高教师数据素养，提升教师评价能力，实现"以评促教""以评促育"，提升区域教育质量。

按照教师专业标准，小学教师要能够"对小学生日常表现进行观察与判断，发现和赏识每一位小学生的点滴进步""灵活使用多元评价方式，给予小学生恰当的评价和指导""引导小学生进行积极的自我评价""利用评价结果不断改进教育教学工作"；中学教师要能够"利用评价工具，掌握多元评价方法，多视角、全过程评价学生发展""引导学生进行自我评价""自我评价教育教学效果，及时调整和改进教育教学工作"。

2021年9月，项目组在针对部分教师数据素养及有关因素的调研中发现，教师在基于数据素养"提炼合适的问题""用不同来源的数据理解学习问题""使用统计学方法分析数据"方面存在一定的困难。

2022年11月，项目组对"房山区中小学课程领导力二期"建设基础调研时发现，当前房山区教师的数据素养评价能力普遍较低，主要表现为数据评价知识匮乏、数据评价能力不足、数据评价态度消极、数据评价效果较差等，直接影响学业评价活动的质量与效果，也制约了教师的专业化发展，影响了区域教育高质量发展。

所谓教师评价能力，是指教师在教育实践和教学活动中所形成的评价意识、评价理念、数据筛选、评价方法、评价能力的总和。

所谓教师数据素养，是指教师在实际教学情境中具备数据意识，能够使用合适的方法途径收集、获取所需要的数据，并能对数据进行整理、分析和评价，最终将数据结果应用于教学决策、评价、交流的活动中。

所谓教师评价能力支持体系建设，就是建立以教师专业发展为导向的教师评价能力支持系统，激发教师内在发展动力的同时，彰显其专业化发展实力，赋能区域教育高质量发展的支撑体系。

高信度高效能学生发展评价支持体系建设项目的最初立意是通过制

定区域教师数据素养评价能力发展基本标准,强化学校管理者及教师对数据素养评价能力提升工作的重视;将教师数据素养评价能力纳入区域教师专业素养体系建设之中,强化教师数据素养评价能力专业化发展;健全教师与管理者专业化评价机制;改变"以考代教""以考代评""唯考试是瞻"的教育环境,改变以唯一考试成绩评价学生优劣、教学成绩评价教师能力、升学率评价学校好坏的教育评价机制,开展教育评价创新,提升教师数据素养评价能力。工作目标是促进教师形成全面而正确的"评价促进学习""评价促进改进""评价促进发展"专业理念和评价意识,建成一个系列的、完整的、基于数据素养的、符合区域教育高质量发展的、高信度高效能的中小学教师评价能力支持体系。一者持续提升教师数据素养;二者有计划地打造学校数据团队;三者营造高信度学校区域数据使用氛围;四者构建区域行动实践模型。

故此,该体系要做的就是从"为了学生发展的评价"理念出发,基于教师数据知识、技能、理念、态度等数据素养提升,探索有利于教师评价能力提高所必需的支持系统。

合理调配,提高资源利用效益。中小学教师评价能力支持体系建设需要有关资源的支撑,包括必要的设备以及资源。在区域教育资源分配不均的情况下,通过资源共享、项目合作实现对资源的合理配置,提高资源利用效率,从而为中小学教师评价能力提升提供有力的资源保障与支撑。

研发课程,办好系列讲习班。比如开办数据应用管理(DM)讲习班,提升学校数据应用管理干部和教师评价能力,旨在利用数据平台对学校数据进行有效的收集、存储、处理、应用,充分发挥数据作用,以提高学校教育教学业务管理水平。再比如开办数据分析应用(DA)讲习班,提升学校学科教研组长、学科教师评价能力,旨在让学科教师能够全面了解数据采集全过程,学会运用数据追踪学生学业发展,在原始数据基础上进行加工处理,保证数据应用的及时性、完整性、有效性、一致性、

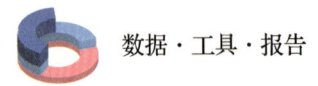

准确性，学会海量数据挖掘和价值提炼，学会用最适合的方法解决问题。

搭建载体，开辟实践场所。教师评价能力提升重在实践。搭建相应的平台让教师人才拥有更多的机会。比如以基地学校、高校、教研部门合作为基础搭建训练基地，此外也可以通过每次考试后"质量分析"等环节开展数据应用实践，在相应的实习计划中安排实践，为教师提供更多实践场所。

创设氛围，优化数据应用环境。创新教师评价能力提升氛围，举办对教师评价能力提升有益的项目实践活动或者各类基本功大赛、课例分享等，形成良好的氛围。比如学校可邀请具有数据素养、在评价领域具有丰富实践经验的专家学者举办专业讲座，营造氛围，进一步提升教师的评价能力。

日拱一卒，功不唐捐。不弃微末，不舍寸功。

是为总序。

李兆端

2023 年 3 月 6 日（惊蛰）

推动数据要素供给调整优化,提高数据要素供给数量和质量。开展数据知识普及和教育培训。增强数据的可用、可信、可流通、可追溯水平。

——《中共中央 国务院关于构建数据基础制度 更好发挥数据要素作用的意见》(2022年12月2日)

前 言

数据被誉为"21世纪的黄金",数据资源对于数字时代教育发展的重要意义不言而喻。这里的数据,笼统地指通过技术手段(工具、编程)处理的对教育教学有帮助的信息。

数据的作用在于让"数"成"据",一是可供学校直接查询的数据,解决临时查询和下载数据的需求,二是可供教育教学使用的数据,如学生画像系统,解决学生学业评价、综合素质评价对数据的需求,三是建构数据仓库,及时对数据进行处理分析,为决策提供支持。

数据可以让教师发现影响学生学习成绩、考试的潜在因素,实现"定位"管理,可以让教师利用数据发现学生的个性化差异,调整教学计划,实现"精准化"教学,可以让教师发现成绩变化趋势,从而采取行动,实现"循证式"教研。

随着计算机和互联网的快速发展,数据的价值不断被认同和开发,数据工具作为一种新的工具形态加入工具矩阵中。

所谓数据工具是指具备数据采集、计算、存储、展示和分析应用等功能的工具,它把数据管理、数据模型及分析决策逻辑等固化在一个系统或软件中,以更自动化、更准确、更智能的方式发挥数据的决策价值。

对于数据工具而言,"数据"是核心驱动力,如果没有充足的数据积累,没有内容精准的结构化数据,数据工具在进行数据处理或分析时就很难得出科学的分析结果。

目前的数据工具主要分为三类,分别是平台型数据工具、系统型数据工具和数据小工具。平台型数据工具主要指呈现出平台特征,汇集了多个数据处理工具,并且能够实现内容洞察、预测、分发、评估等不同功能;系统型数据工具一般指围绕着某一类特定的内容运营需求,能够

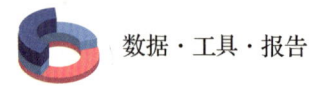

系统地解决数据的采集、分析并生成可应用的辅助决策和策略实施的工具。数据小工具是指应用场景和功能比较单一的数据工具产品。

数据工具主要对驻留在各种数据源或数据仓库中的信息进行挖掘、预测和分析，是推动教育改革、教育发展、教育决策的"第一引擎"。若用一个公式简易地表示数据工具，就是"数据工具 ≈ 数据 + 处理过程 + 结果展示 + 分析应用"。

数据分析报告是对项目、问题、需求等数据进行科学的数据分析和评估而形成的分析报告，可为教育投资、教育决策、教育立项提供科学、严谨的数据依据，从而降低相关教育项目的风险，并为优化项目提供合理方案。数据分析报告在教育教学中的作用越来越突出，在教育高质量发展过程中，开展任何教育项目教离不开数据分析报告。

一般情况下，能不能做好数据分析，一取决于业务理解，二取决于逻辑思维，三取决于协调沟通。首先从项目的需求出发，对项目相关数据进行数据总体分析，体现业务理解力。然后根据项目的目标，分析相关核心数据并通过可视化图形分析数据的变化状态，从而得出相应的结论，体现逻辑思维能力。最后，通过数据指标，对项目进行总结性分析，并根据分析结果探讨更深入的问题以及原因，从而提出相应的合理化、可行性较强的建议，需要较好的协调沟通力。

作为一本实践指导用书，本书蕴含着关于数据、工具、报告的内容、观点、思想和精神，作者均是置身于"第一现场"，热爱教育，亲历教育高质量发展的教育者。

本书撰写作者是基层教研员或一线教师，写书不是强项，编书更是难能可贵，其中一定存在不足之处，希望读者尤其是同行实践者批评指正。

作者

2023 年 3 月

目 录

第一部分　数据

第一章　数据分析的必要性　　　　　　　　　　　　　3

第二章　数据与数据特点　　　　　　　　　　　　　　7

第三章　数据分析常用指标　　　　　　　　　　　　　10

第四章　考试分析常用维度　　　　　　　　　　　　　20

第五章　教师数据应用　　　　　　　　　　　　　　　48

第二部分　工具

第六章　数据采集　　　　　　　　　　　　　　　　　57

第七章　数据加工　　　　　　　　　　　　　　　　　60

第八章　数据呈现　　　　　　　　　　　　　　　　　90

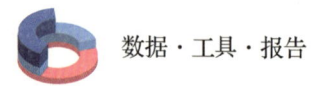

第三部分 报 告

第九章　区域性试卷分析报告框架与表述　　　101

第十章　F区某次高二期末测试分析报告　　　116

第十一章　F区某次九年级诊断性评价分析报告　　　132

第十二章　F区高二英语听说成绩分析报告　　　163

第四部分 案 例

第十三章　数据支撑的区域整体学业质量分析　　　185

第十四章　数据支撑的学科质量分析　　　219

第十五章　数据支撑的区域教育治理　　　230

参考文献　　　242

第一部分　数据

第一章　数据分析的必要性

一、落实教育政策

教育评价事关教育发展方向，《深化新时代教育评价改革总体方案》提出，坚持科学有效，改进结果评价，强化过程评价，探索增值评价，健全综合评价，充分利用信息技术，提高教育评价的科学性、专业性、客观性。2021年3月教育部等六部门印发的《义务教育质量评价指南》及教育部印发的《普通高中学校办学质量评价指南》，强调注重结果评价与增值评价相结合，关注学生的进步与发展。

为深入贯彻落实中央关于教育评价改革和"双减"工作部署要求，规范学校教育教学行为，2021年8月教育部办公厅发布了《关于加强义务教育学校考试管理的通知》，强调要合理运用考试结果，运用考试结果精准分析学情教情，科学研判教学工作的重点难点，切实改进课堂教学，加强对考试结果的整体分析，对教学质量做出科学判断，针对性地加强教师教学指导和培训，实现基于数据的精准教学改进。

数字素养已成为数字时代公民的必备基本素养。2021年10月，中党中央网络安全和信息化委员会印发的《提升全民数字素养与技能行动纲要》对提升全民数字素养与技能做出了全面系统的部署，并针对教育领域强调要"提高教师运用数字技术改进教育教学的意识和能力"。2022年，教育部正式启动教育数字化战略行动，对提升教师数字素养提出了要求。一方面，数字技术与教育的融合发展正逐步深入，教师必须适应数字技术的蓬勃发展及其在教育行业的快速渗透；另一方面，"双减"、教育评价改革等重大政策的落地都对教师数字素养提出了更高要求，然而我国教师在数字化教学理念、数字化教学创新能力等方面还有所不足，教师数字素养亟待提升。2022年11月，教育部发布了《教师数字素养》行业标准，明确了教师数字素养的核心内涵和指标框架，为教育管理部门、学校和教育机构在发展教师数字素养方面提供了指导，也为建设教师数字素养培训资源、开展监测评价提供了依据。因此，提升数字素养不仅是培养数字时代公民的基本需要，也是推进教育数字化的战略要求，有助于培养数字化卓越教师，增强推动教育数字转型的关键软实力，为构建高质量教育体系和培养高素质人才提供支撑。

通过梳理上述文件，无论是政策导向还是教师素养要求，都显示出数据对学校教学管理和教师教学的价值，教师科学运用数据开展教育评价的能力需要进一步提升。教育者要科学全面地看待学生的发展，不再单一地依托考试成绩，而是要将学生发展的所有信息收集、整理、分析并得出结论，也就是说要基于"数据"对教育质量做出评价。

二、支撑教学精准决策

在教育领域，随着数据发展而带来的教育政策研究与决策的"以证据为本"之趋势亦渐明显。将数据引入教育决策，将有助于其科学水平的提高。数据的支撑既可以帮助教育决策者掌握大体方向，也可以助力教师精确分析每个学生。数据系统在教育领域中的应用呈逐年上升趋势。那么为什么需要利用数据进行决策？

（一）区域层面

在宏观决策层面，数据可以发挥诸多价值。以教育政策决策为例，基于数据的政策决策有三方面的优势：首先，通过数据可以将微观层面的政策对象呈现出来，清晰描绘出原本模糊的教育活动；其次，数据实时变化的特点可以使决策者在短时间内获得政策反馈甚至获得实时反馈；第三，数据可以对未来进行预测，使决策者具有更为开阔的视野。

（二）学校层面

首先，基于数据的审慎决策可以帮助学校建立或修正愿景、提供期望。其次精准的数据可用于激励学校共同体成员并提供改进的路径。例如，学校可利用数据来评价教师的业绩并强调提绩效的必要性以激励教师。此外，通过公开展示学校绩效可激励教师、家长和学生的相互沟通，共同为学校发展目标而努力。最后，建立可持续发展的学校文化，作为领导力的重要体现同样也离不开数据所提供的支持，有些学校已经把数据的应用当成学校文化的一部分；为此需要在学校发展愿景中包含具体的、可衡量的各级目标以形成良性循环的文化氛围。

（三）教学层面

有关学生的数据首先有助于教师更好地确定学生的学习差距及学习需求，进而能制定针对性的教学方案以改进学生的学习绩效。数据应用在诊断学生学习差距、缩小差距方面起到了关键作用。同时在一个教学数据分析平台中，可帮助教师更快速地、高效地对学生数据进行了解从而帮助教师对调整教学、改进决策，制定更为科学的教学目标及教学方案。

基于统计数据的教育决策支持服务平台，可以提供教育宏观决策服务，也可以提供教育个体综合评价、教育管理、教学质量评价服务，通过教育数据挖掘产生的知识与信息，实现对教育规律、决策规律以及模型、方法、数据等方面知识的存储和管理，进而对教育个体、教育管理、教学质量进行评价，促进教育综合改革的进一步深化。

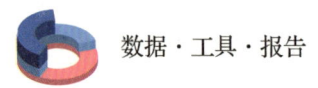

数据·工具·报告

三、提升教育教学质量

数据分析的出发点是改进教育教学，提高教育质量。具体而言，数据分析有三项功能：

一是诊断评估。通过学习结果的精细评价，精准诊断学生群体和个体的知识能力结构、个性倾向、思维特征、学习路径和学科素养发展状况；

二是反馈改进。进一步回溯教学，反思日常的教与学过程中存在的问题，进行针对性改进，形成"教学→学习→评价→教学→学习→评价→……"的良性循环；

三是激励发展。通过"整体→学科→班级→个体"的"剥洋葱式"剖析法，引导干部教师从关注绝对分数和排名，转变为关注每一个学生的成长发展和实际获得；从只关注学习结果，到关注每一个学生的潜能、兴趣、学习习惯等非智力因素的过程变化，从而真正实现学生的个性化发展。

四、促进教师专业发展

要实现"以评促教"的目的，教师的数据素养起着关键性作用。在大数据背景下，教师的数据素养包括数据处理的基本能力和数据的教学应用能力。前者指数据获取、分析、解读和交流能力；后者指应用数据发现教学问题、进行教学决策、监控教学发展的能力。

数据平台为每次区级、校级考试提供了丰富、精细的分析指标，不仅有"一分两率"、排名变化，还有标准分、知识结构、能力素养表现的指标。那么，教师如何灵活选择和应用指标，进而诊断学生思维能力发展水平和教学问题，实现"数据为我所用"，则是需要进一步思考的。

科学的考试数据分析，能够帮助教师更加理性的反思教学，准确把握学情，优化教学设计，促进教学效益的提升。因此，数据素养的提升应成为一线干部教师的内在需求。

第二章　数据与数据特点

无论教育工作者从事教育行政管理工作，还是致力于教育科学研究，或是进行实际教学工作，都离不开对周围有关人物、事物或现象进行必要的调查研究与观测记录。

这些记录资料中有的直接用数字反映事实情况，有的用符号或分类的词语反映客观事实。从广义的角度讲，用数字形式表示的资料事实，被称为数据。人们在实际工作与研究中通过测量、调查、实验、观察和评估等方法，获取了大量的数据资料，这正是人们深入了解事物、揭示事物内在联系的第一手宝贵资料，其中蕴含着种种有用的信息，需要人们用科学的方法来处理这些数据资料。但对不同性质的数据，人们将采用不同的统计方法加以处理。

一、数据的种类

根据不同的分类标准，数据可以分成不同的类型。根据数据的来源，可分为计数数据、测量评估数据和人工编码数据。

（一）计数数据

计数数据是以计算个数或次数获得的，多为整数，如班级人数、学

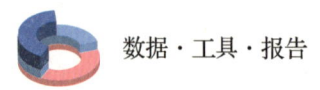
数据·工具·报告

校专业教师人数、实验研究中被试人数、一分钟内呼吸次数和脉搏跳动次数等观测数据。

(二) 测量评估数据

测量评估数据是借助测量工具或评估方法将事物的某种属性指派给数字后所获得的数据,如学生的身高、体重、语文科成绩、数学科成绩等的测量、测试结果。再如,对学生田径运动水平的测量,对教师的教学水平进行量化评估所得的分数,以及心理测验时学生的测验分数等,都是测量评估数据。

(三) 人工编码数据

人工编码数据是人们按一定的规则给不同类别的事物指派适当的数字号码后所形成的数据。例如,男生用"1"表示,女生用"0"表示;学生个体可用相应的座位序号或学号编码加以表示;态度测验中对特定问题所持的态度(如"你对取消校外统一考试的做法持何态度"),可用数字"5,3,1"分别表示"同意、中立、不同意"。事实上,人工编码数据在一定程度上具有主观随意性,但为了使用与操作上的便利,人们总是寻找更简便、更有价值的编码数据系统。

二、数据的特点

教育工作者通过必要的途径与方法,能够获得反映教育现象的大量数据。这些数据通常有三个特点。

(一) 数据的离散性

数据的离散性指的是数据通常以一个个分散的有一定间隔的数字形式出现。事实上无论是连续性变量还是非连续性变量,由于事物在属性上表现出的数量差异性以及观测结果取值精确度等因素的影响,观测所得数据总是或多或少地表现出离散性。

（二）数据的变异性

数据的变异性指的是人们在得到数据的过程中，这些数据总是在一定范围内以变化的形式出现，很少有绝对相同的数据不断出现。例如，统计一个城市中各所小学的学生人数；利用心理测验评估学生的智商；观察一组儿童在两分钟内的跳绳次数；测定少年儿童在 5~16 岁期间每年身高、体重方面的增量；记录某一桥梁一天中不同时刻每分钟的机动车流量等总会发现这些观测数据在一定范围内不断变化着。

（三）数据的规律性

数据的规律性指的是在一定范围内变化着的一组观测数据，其间潜存着某些规律性。例如，对某一年段的学生进行身高与体重的测量，尽管这些数据是离散的和变化的，甚至从表面上看起来是杂乱无章的，但经过对数据的整理、分析与研究，我们可以发现其中所隐含着的规律。例如，我们可以发现大多数学生的身高或体重集中在相应的平均值附近，特别高（矮）或特别重（轻）的学生是少数。再如，对一批学生进行心理测验或某种考试，测量得到的数据从表面上看似乎没有规律性，但若采用一定的方法对数据加以整理与描述，我们可以发现，这批数据总是显示出中等分数的人数居多，而两端分数的人数逐渐减少，说明这批数据仍然隐含着内部规律性。

在信息化社会特征越来越明显的今天，数据对所有的教育工作者以及所有关心教育的人来说，都是重要的信息。然而，更重要的是我们应当学会怎样更加科学、有效地去获取数据和分析数据，以便揭示和认识其中的一些规律，从而从"偶然性王国"走向"必然性王国"。

第三章 数据分析常用指标

常用的统计量数可以分为集中量数、离散量数、位置量数、分布量数。

一、集中量数

集中量数是用来描述一组数据集中在哪个中心位置以及典型水平。考试数据分析中,常用的集中量数有两种,即平均数和众数。

(一) 平均数

平均数是用一组数据中所有数据的总和除以该组数据的总个数所得的商,反映一组数据的一般水平和集中趋势。计算公式如下:

$$\overline{X} = \frac{x_1 + x_2 + \cdots + x_n}{N} = \frac{\sum_{i=1}^{N} x_i}{N}$$

平均分是数据分析中经常使用的指标,在实际分析中常对其进行变形,如得分率的计算:得分率 = 平均分 / 满分。比如,要比较某班学生在两个题目上的得分情况,第一题满分 4 分,平均分为 2 分,得分率为 0.5,第二题满分 2 分,平均分为 1.5 分,得分率为 0.75,则说明该班学生在第一题上的表现不如第二题。

（二）众数

众数是一组数据中出现次数最多的数。有时众数在一组数中有好几个。如一道数学题满分 4 分，某班学生的得分情况如表 3-1，那么该题目得分的众数是 2 分。

表3-1　一道数学题上得不同分数的学生人数情况

得分	4 分	3 分	2 分	1 分	0 分
人数	4	6	15	5	4

二、离散量数

离散量数是代表一组数据离散程度的量。它能反映大量数据远离其中心值的程度。考试数据分析中，常用的离散量数是标准差。

（一）标准差

标准差是每个数据与该组数据平均数之差平方后的均值的平方根。计算公式如下：

$$S = \sqrt{\frac{(x_1 - x)^2 + (x_2 - x)^2 + \cdots + (x_n - x)^2}{N}}$$

一组数据的标准差越大，表明其离散程度越大。

在实际分析中，应该结合平均分和标准差进行综合评价。例如，表 3-2 中呈现了 A、B 两个学习小组的数学月考成绩，从平均分看，A 组的整体水平高于 B 组，但从标准差看，A 组过高，说明该组学生的两极分化较大，需要引起注意。

表3-2　两组学生的数学月考成绩情况

	生1	生2	生3	生4	生5	生6	生7	生8	生9	生10	生11	平均分	标准差
A组	60	40	40	90	95	95	90	95	95	70	60	75.45	22.3
B组	65	65	80	90	70	65	70	80	90	65	70	73.64	9.77

（二）差异系数

当所观测的样本水平比较接近，而且是对同一个特质使用同一种测量工具进行测量时，要比较不同样本之间离散程度的大小，一般可直接比较标准差的大小。但当两个或两个以上的样本所测的特质不同（如身高和体重），或者特质相同，但样本间的水平相差较大，这时用绝对差异量（标准差）来比较不同样本的离散程度就不合适了，应该使用相对差异量数——差异系数。

差异系数是一组数据的标准差与其均值的百分比，是测算数据离散程度的相对指标。差异系数可对不同样本观测结果的离散程度直接进行比较。它是样本标准差与其平均数的百分比（表3-3）。

$$CV = \frac{S}{M} \times 100\%$$

表3-3　某次高三年级入学测试各校平均分-差异系数表

学校	平均分	标准差	差异系数（%）
学校A	480.18	49.04	10.21
学校B	479.2	47.26	9.86
学校C	424.35	63.73	15.02

差异系数由于是相对差异量数，它既可用于不同单位资料的差异比较，也可用于不同水平的同类现象的差异情况的比较。

例如，某校期末考试语文平均成绩为69.3分，标准差为11.2分；英语平均成绩为94.8，标准差为13.8分。问哪一学科离散程度大？

$$CV(语文) = \frac{11.2}{69.3} \times 100\% = 16.2\%$$

$$CV(英语) = \frac{13.8}{94.8} \times 100\% = 14.6\%$$

通过计算发现，语文学科的离散程度更大。

（三）M-S 图（平均分 - 标准差图）

下面结合某校一次考试成绩的 M-S 图（如图 3-1）来说明其具体内涵。

含义：①横坐标是标准差，代表学生成绩的离散程度；纵坐标是学生成绩的平均分。②用全校标准差和平均分作为横、纵坐标轴的分界线，将所有班级分成 4 个象限。③图中的每个小圆点代表了各班级所处的位置。

意义：反映的是某校学生的学业发展均衡程度。提示教师不仅要关注班级的整体水平的发展，也要关注班级内部学生之间的均衡性，要缩小两极分化趋势。

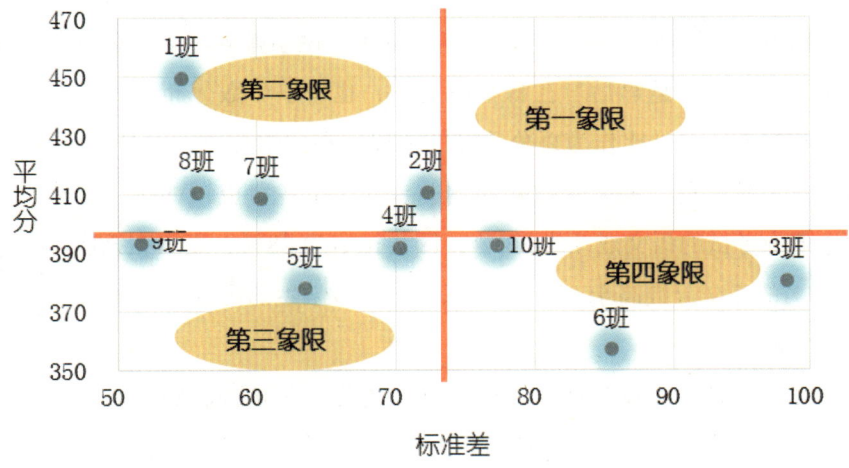

图 3-1　各班级成绩分布 M-S 图

根据 M-S 图，对各象限的情况进行说明。如表 3-4 所示。

表3-4　班级分类情况

象限	象限描述	班级
第一象限	总体成绩良好，但学生成绩的差异性较大	
第二象限	总体成绩良好，且学生成绩的差异性较小	1班、2班、7班、8班
第三象限	总体成绩偏低，且学生成绩的差异性较小	4班、5班、9班
第四象限	总体成绩偏低，且学生成绩的差异性较大	3班、6班、10班

三、位置量数

位置量数是表示原始分数在所处整体中的相对位置的量数。考试分析中，常用的位置量数有百分等级、标准分。

（一）百分等级

1. 百分等级

统计学中的百分等级分数，是将一列分数按照由小到大的顺序排列，求在该列分数分布中低于某个原始分数的人数百分比。例如，一次数学考试中，一名考生考了82分，百分等级为56%，说明在这次考试中有56%的考生低于等于82分。百分等级越大，说明排名越靠前；百分等级越小，说明排名越靠后。在日常应用中，也有以分数分布中高于某个原始分数的人数百分比作为百分等级的情况，在此情况下，百分等级越小，学生排名越靠前。如"智慧学伴"平台的学生各科成绩的排名走势，某学生期中考试的语文成绩为83分，区县排名为28%，表示在该次考试中有28%的考生分数高于83，到期末考试时该学生的区县排名为22%，表明学生进步了。

百分等级的优点是计算简单、意义明确、对各种测验普遍适用；缺点是由于它是顺序量表、不具相等单位，不能作进一步的数学运算。

目前新高考改革的一大趋势是对选考科目采用"等级赋分制"，即先将原始分数转化为百分等级，再按照一定的规则赋予相应的分数，其实质是依据考生在选考群体中的相对位置来进行比较。在实际考试中，考生的等级分数会受到试题难度、选考群体水平等诸多外部因素的影响。因此，学生不能仅凭一次平时考试成绩来确定选考科目，而要参考多次考试的相对位置做出合理的选考规划。

2. 百分位数

定义：如果将一组数据从小到大排序，并计算相应的累计百分位，则某一百分位所对应数据的值就称为这一百分位的百分位数。如，P30等于60，表示在参加考试的总人数中有30%的考生分数低于60分。百分位数是百分等级的逆运算。

在考试分析中，常采用四分位数来反映一组数据的分布状况。具体来说，第25百分位数又称第一个四分位数，用Q1表示；第50百分位数又称中位数，用Q2表示；第75百分位数又称第三个四分位数，用Q3表示。以"智慧学伴"平台中2018年新初一增值性评价的语文成绩箱线图（图3-2）为例，图中7所学校中，E校和G校的后25%成绩分布最为集中，表明低分段学生之间成绩差距较小；C校的中间50%成绩分布最为集中，表明中游学生成绩差距较小；E校前25%学生成绩差距最小，表明上游学生成绩差距较小。

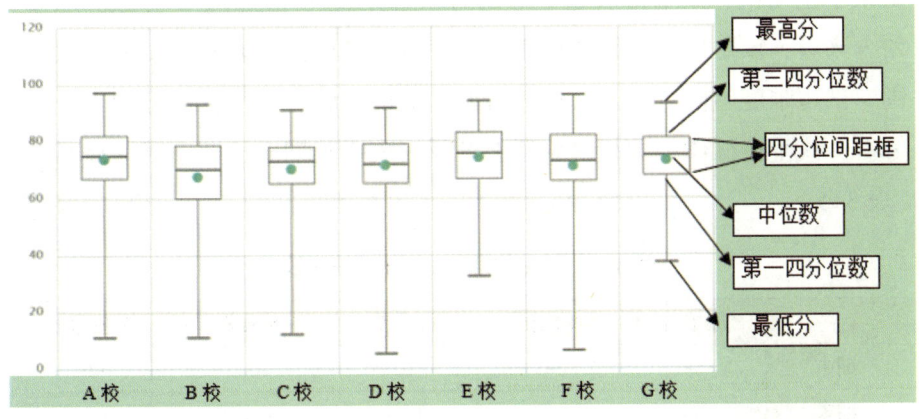

图3-2 不同学校2018年新初一增值性评价的语文成绩箱线图

（二）标准分

1. 标准分

标准分是表示原始分数在平均分以上或以下几个标准差的位置，从而明确该分数在群体中的相对地位。

计算方法：原始分数与团体的平均分之差除以标准差所得的商数。

公式：$Z = \dfrac{x - \overline{X}}{s}$，Z 为标准分数，x 为原始分数，$\overline{X}$ 为原始数据的平均数，S 为原始分数的标准差。取值范围一般在 –4 到 4 之间。

意义：一是能够明确个体在总体中的相对位置，标准分越大，水平越高；二是能客观地比较不同学科成绩的优劣，如不能直接比较某生的语文、数学成绩，而要比较两科的标准分；三是标准分能够进行加减运算，如某校想要比较语文、英语学科在全区的相对水平，可以计算该校所有学生的区级标准分的平均分。

2. T 分数

为了克服标准分出现的小数、负数和取值范围小等缺点，常将其转化为 T 分数。

公式：T=10Z+50

意义：T>50，表示高于平均水平，T<50，表示低于平均水平。下表是某学生期中、期末两次数学考试的原始分数及标准分、T 分数。从原始分来看，该生期末成绩比期中成绩下降了，但由于两次考试的考试范围、试题难度不同，不能直接进行原始分的比较，而从标准分和 T 分数来看，该生在群体中的相对位置上升了，表明其期末比期中成绩提高了（表 3-5）。

表3-5 某生的期中、期末成绩比较

	原始分	平均分	标准差	标准分	T 分数
期中	88	90	10	−0.2	48
期末	85	78	11.7	0.6	56

四、分布量数

分布量数用以表示数据分布是否关于中心点对称以及宽阔或高耸的程度，主要的统计量数有偏度和峰度两种。

（一）正态分布与偏态分布

正态分布，反映学生成绩中等的居多，最优和最差的都是少数，如图 3-3 所示。偏态分布，表明学生成绩偏向于一侧，分为正偏态分布与负偏态分布。正偏态的人数大多集中在低分的一侧，如图 3-4 所示；负偏态的人数大量集中在高分的一侧，如图 3-5 表示。

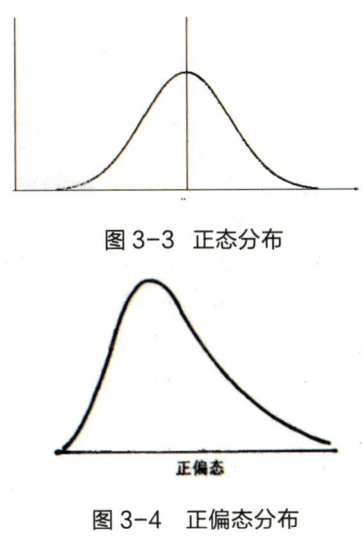

图 3-3 正态分布

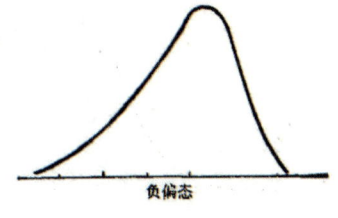

图 3-4 正偏态分布

图 3-5 负偏态分布

在日常考试中，具备不同功能的考试成绩分布会呈现不同的形态。

例如对于高考、研究生考试等选拔性考试，成绩分布呈近似正态的话，具有较好的甄别选拔功能；对于会考、学业水平考试合格考、日常达标检测等测验，成绩分布多呈现负偏态。图3-6、图3-7分别是F区2022年初三期末和高三期末的成绩分布图，可以看到初三期末成绩分布呈负偏态分布，符合中考的宽、活、易的命题趋势；高三期末成绩分布呈近似正态分布，符合高考选拔需求。

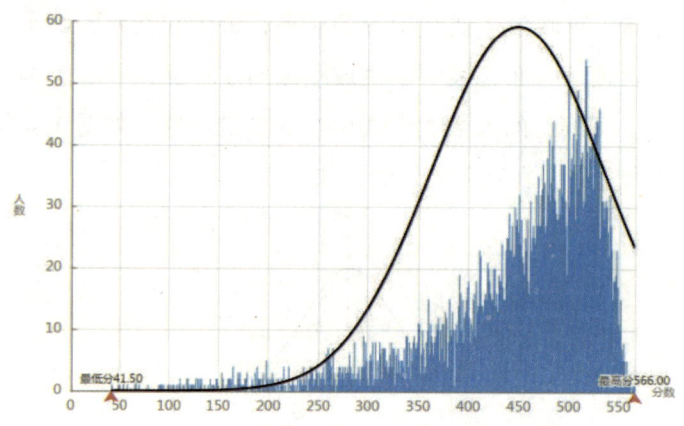

图3-6　F区2022年初三期末检测分数分布
注：初三期末整体难度为0.77

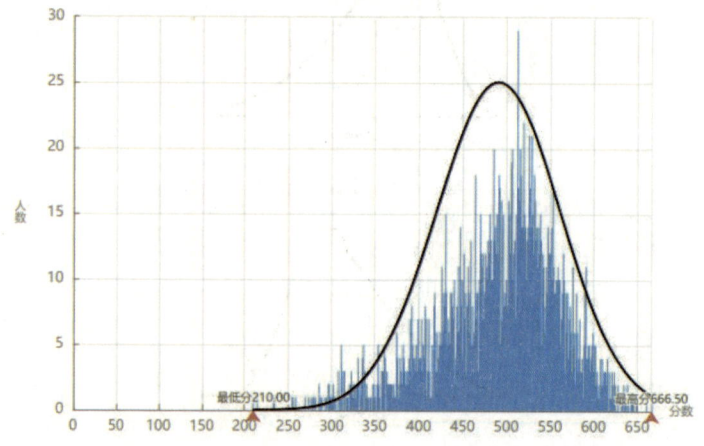

图3-7　F区2022年高三期末检测分数分布
注：高三期末整体难度为0.65

（二）偏度、峰度

偏度：反映成绩分布偏离对称的程度。若偏度值大于 0，是正偏态分布，说明群体中多数学生的成绩在平均分以下，其原因可能是学生成绩较差或题目偏难；反之是负偏态分布，说明多数学生的成绩在平均分以上，相应的原因可能是学生成绩较好或题目偏易。

峰度：反映数据分布陡峭或平滑的程度，若峰度值大于 3，说明是尖峰分布，它拥有更陡峭的波峰和更厚的尾部，反之则是平峰分布，它拥有更平的波峰和更薄的尾部，如图 3-8 所示。在日常教学检测中，应当力求实现考试成绩分布的近正态分布，在近正态分布的情况下，更希望呈负偏态，以及平峰分布形状。

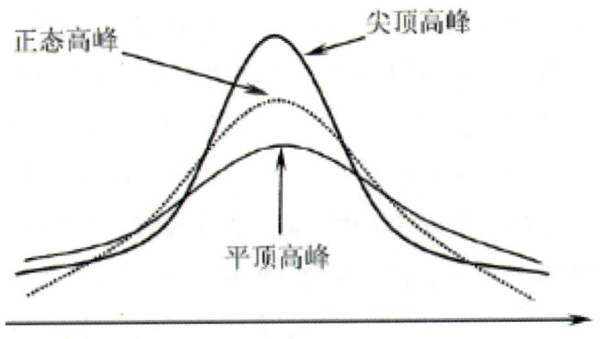

图 3-8　不同形态的峰态分布

第四章　考试分析常用维度

区域的考试系统能够提供大量学生的学业水平数据,从考试分析的角度挖掘不同类型数据的价值。考试分析的常用维度包括学校整体水平分析(整体分析)、各学科知识能力发展状况(学科分析)、各班级水平分析(班级分析)、学生个体的学科知识能力发展状况(个体分析)、学生的非学业因素分析(非智力因素分析),由整体到局部,由群体到个体,即"校 – 学科 – 班级 – 学生"的"剥洋葱式"分析法。下面以往年系统测试数据为例,从整体、学科、班级、个体的角度逐一进行说明。需要提示的是,每一个维度都呈现了表格及解读示例,该解读仅基于数据本身,学校管理者和教师在解读数据时要结合校情、班情、学情以及学科特点等因素进行深入合理的解释。

一、整体分析

表 4-1 列举了整体分析中的常用分析维度及其意义。

表4-1　整体分析常用维度及意义

序号	维　度	意　义
01	区 / 校 / 班的总分指标比较	诊断学校及各班级的整体水平
02	区 / 校各分数段人数情况	了解学校各分数段的人数分布情况

续表

序号	维度	意义
03	各班学生总分分布M-S图	诊断各班的学业水平均衡程度
04	各班学生成绩分层分布	了解各班学生在全校/区的相对位置

（一）区/校/班的总分指标比较

表4-2展示了某校各个班级的总分指标。

表4-2 ××学校与全区的总分指标比较

	人数	平均分	标准差	最高分	最低分	及格率	优秀率	得分率
全区	283	403.99	78.65	523	29	88.20%	23.50%	0.748
××学校	225	399.62	72.95	502.00	19.00	85.80%	20.90%	0.740
1班	32	449.48	54.61	501.70	283.70	93.80%	59.40%	0.832
2班	20	410.42	72.29	502.00	211.10	90.00%	20.00%	0.760
3班	23	380.3	98.30	472.70	19.00	87.00%	13.00%	0.704
4班	21	391.57	70.32	475.40	255.80	85.70%	14.30%	0.725
5班	23	377.67	63.45	485.70	264.50	78.30%	8.70%	0.699
6班	20	356.83	85.56	467.30	188.10	65.00%	5.00%	0.661
7班	23	408.38	60.34	492.10	292.80	82.60%	17.40%	0.756
8班	22	410.55	55.71	485.90	308.80	90.90%	27.30%	0.760
9班	20	393.26	51.64	481.50	276.60	95.00%	10.00%	0.728
10班	21	392.39	77.24	493.50	231.10	85.70%	14.30%	0.727

【解读】表中斜体加粗的数据代表班级明显低于校平均水平的情况。可以看出1班、2班、8班各项指标都居于前列。7班虽然在平均分上较大幅度高校平均水平，但及格率和优秀率均低于校平均水平，说明还需进一步加工线边生。4班、9班和10班平均分相近，但情况不同。4班和

10班需进一步提升及格率，9班需大力提升优秀率。3班有极端分数，需查找原因。5班和6班各项指标均为全校最低，这是由于选考分班造成的"群体劣势"——两班学生的初始水平较低，因此还需要对比历史成绩，找到改进着力点。

（二）区/校各分数段人数情况

图4-1、4-2展示了××学校、全区各分数段人数分布图。

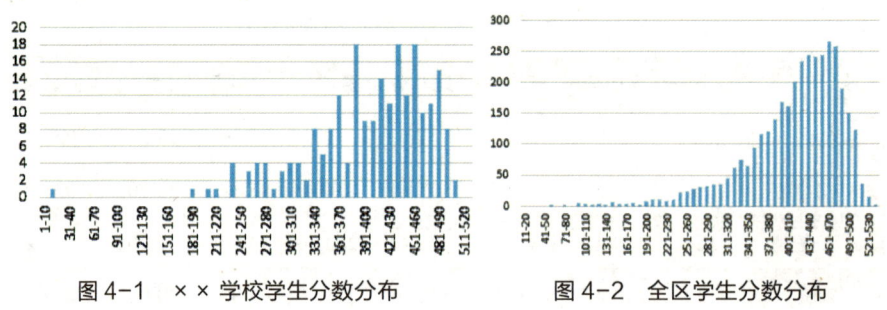

图4-1　××学校学生分数分布　　　图4-2　全区学生分数分布

进一步统计学校与全区在各分数段上的人数比例，并绘制成图4-3所示的柱状图。

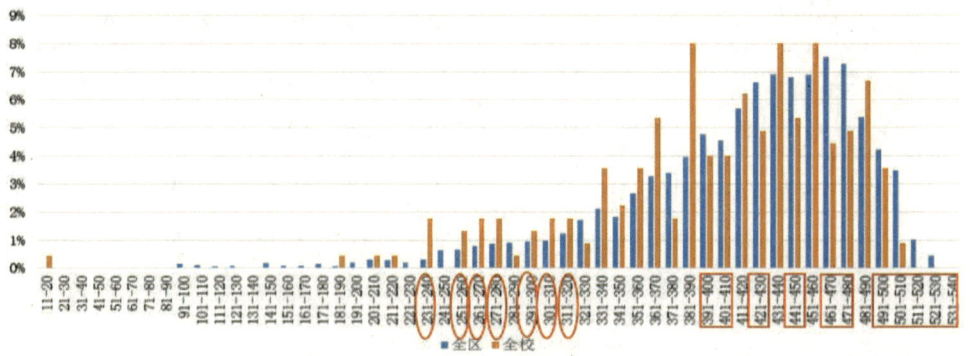

图4-3　××学校与全区各分数段人数比例情况

【解读】图4-3中用方框圈出了校人数比例低于区的分数段，用圆圈圈出了校人数比例高于区的分数段，总体上看，该校在高分段的人数比例稍低，低分段人数还应进一步减少。

（三）各班学生总分分布 M-S 图

根据各班的总分平均分和标准差，作出 M-S 图（图 4-4），并据此对班级情况进行分类，如表 4-3 所示。

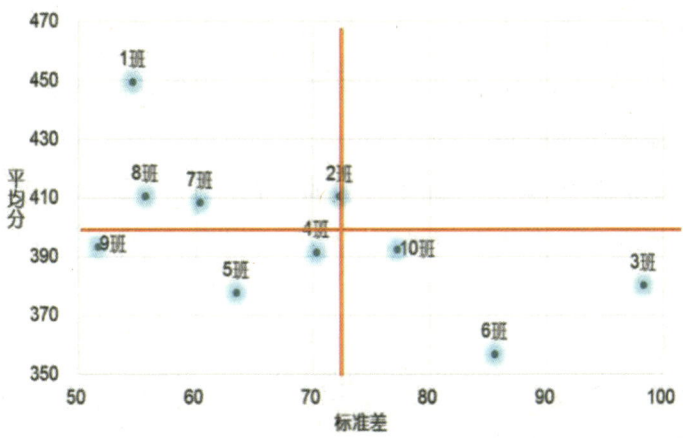

图 4-4　××学校各班初三一模成绩 M-S 图

表 4-3　班级分类表

象限	象限描述	班级
第一象限	总体成绩良好，但学生成绩的差异性较大	
第二象限	总体成绩良好，且学生成绩的差异性较小	1 班、2 班、7 班、8 班
第三象限	总体成绩偏低，且学生成绩的差异性较小	4 班、5 班、9 班
第四象限	总体成绩偏低，且学生成绩的差异性较大	3 班、6 班、10 班

【解读】从图 4-4 可知，3 班、6 班、10 班的平均分偏低，且学生成绩的分布较为分散，表明其两极分化现象较为严重。

（四）各班学生成绩分层分布

为具体描述各班（校）学生在全校（区）所处的水平，常常对学生进行分层分析。分层的方法有多种：

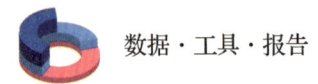

（1）按名次分层（如前10名、11～20名、21～30名……）；

（2）按成绩分层（如500分以上、450～500分、400～450分……）；

（3）按人数百分比分层（如前10%、10%～20%、20%～30%……）

（4）按特定规则分层（如按照高中学业水平考试等级考划分的各等级人数比例进行分层）

依据F区2018年中招计划及近三年F区中招录取情况，确定2018年初三一模考试加工线：

市级示范高中 全区前600名（≥465.6分）；

区级优质高中 全区前1800名（≥415.5分）；

其他完全中学 全区前2450名（≥375.4分）；

区内职业高中 全区2451名之后（≤375.3分）。

据此，计算××学校各班的各层学生比例，并绘制百分比堆积条形图，如图4-5所示。

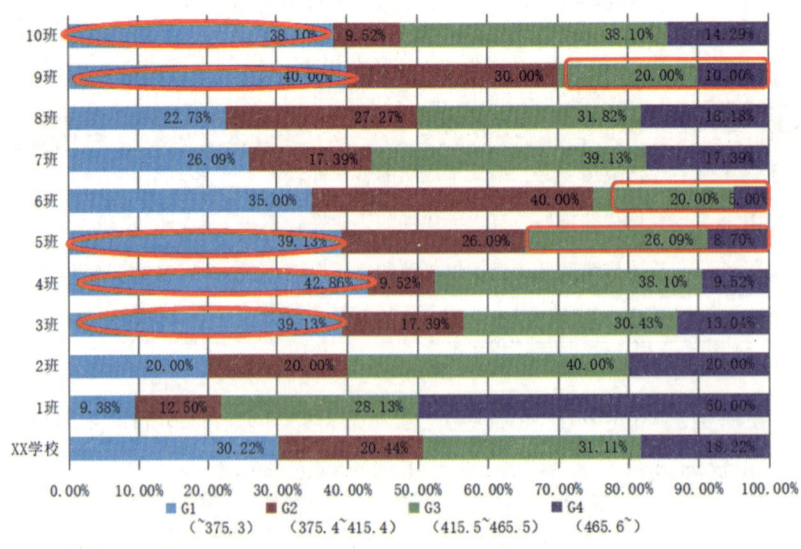

图4-5 ××学校各班级各层人数比例

【解读】G1代表学困生群体，G2代表中等生群体，G3、G4代表学优生群体。图中用圆圈圈出了学困生人数比例较高的班级，用方框圈出了学优生人数比例较低的班级，可见 5 班、6 班、9 班的 G3、G4 层人数比例偏低，3 班、4 班、5 班、9 班、10 班的 G1 层人数比例过高。

为了从发展的角度将之后的每次考试与之形成一个发展过程来分析，这样避免单纯依赖每次的考试成绩评价学生或学校，将结果评价与增值评价相结合，从更加全面的角度对学校进行评价，起到激励学校的作用。对全区参与分析的考生成绩按升序排列后，由低到高分别为：G1、G2、G3、G4、G5。图 4-6 可以看出 F 区某中学历次考试各层级人数占比变化。

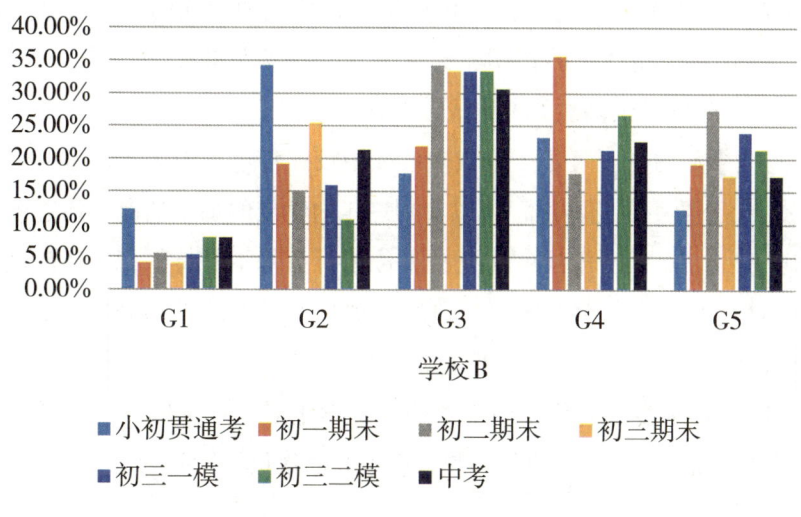

图 4-6　F 区某中学历次考试各层级人数占比变化

【解读】G1 代表最弱层，G2 代表次弱层，G3 代表中等层，G4 代表次优层，G5 代表最优层。通过层级变化分析，可以看出学校对于不同层次学生的加工能力。从图 4-6 中看出 G1 层学生占比整体呈下降趋势，G5 层学生占比整体呈上升趋势，说明学校对薄弱生和学优生的加工能力明显。

（五）成绩变化趋势分析

除了不同群体的分析，目前学业质量评价更加注重学业成绩的变化情况分析。新高考改革的基本趋势由单一时点评价、终结性评价逐步过渡到时段评价、过程性评价与终结性评价相结合。动态过程更加强调评价的诊断与激励功能，从而提供针对性地指导，促进评价对象的改进。由"和别人比较"变为"自己和自己比"，对学校来说，更加注重学习过程，对于学生来说，使学生能够看到自己的真实进步状况，激发学生的学习积极性。

高一的学业水平调研作为起点，从发展的角度将之后的每次考试与之形成一个发展过程来分析，这样避免单纯依赖每次的考试成绩评价学生或学校，将结果评价与增值评价相结合，从更加全面的角度对学校进行评价，起到激励学校的作用。标准分作为增值评价的一个重要指标，可以实现将两次甚至多次的考试成绩纵向比较。

【解读】如图4-7展示了区域内各高中校三年过程中区域统考的总分标准分（T分数）变化情况，可以看到三年内学校的加工情况。通过图可以看出A、B、C三所学校整体上在高位运行且基本保持平稳，D校进步幅度相对较大，其余学校均有一定的波动。如果单从平均分来看，D校多次考试的位次并没有变化，但是从三年的加工情况D校取得了突出的成效，因此，从多维的角度评价学校或者学生对于增强师生备考的内生动力具有积极作用，该校的备考和管理策略值得借鉴和学习。

第四章 考试分析常用维度

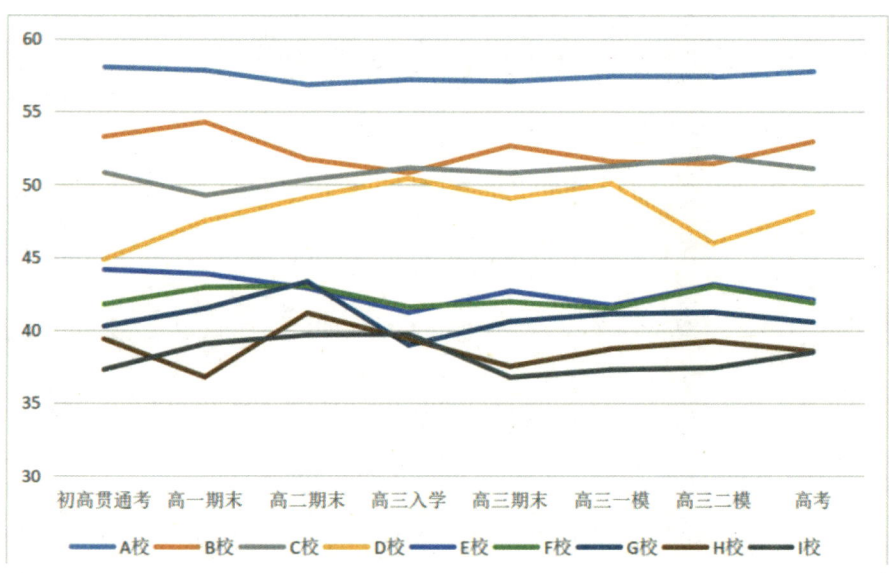

图4-7 F区高中阶段各校历次考试变化趋势分析

二、学科分析

表4-4列举了学科分析中的常用分析维度及其意义。

表4-4 学科分析常用维度及意义

序号	维度	意义
01	区/校全科指标比较表	对学校进行全科诊断
02	区/校××学科各分数段人数分布比较	学校在××学科的各分数段人数分布情况
03	区/校/班级××学科各指标比较表	各班级在××学科的各种指标表现
04	××学科各小题得分情况	诊断学校在××学科的薄弱知识点
05	区/校××学科知识块得分情况比较	诊断学校在××学科的薄弱知识组块
其他	题型（主观题/客观题、选择题/填空题/解答题） 难易度（基础性/发展性试题） 内容领域 学科能力 学科思想方法 学科核心素养 ……	充分利用数据资源进行学科诊断

(一) 区/校全科指标比较

表4-5展示了某校与全区的各科指标对比。

表4-5 ××学校与全区的各科指标比较

		语文	数学	英语	物理	化学	生物	历史	地理	政治	总分
最高分	区	92.5	99	100	90	45	44	90	89	89.5	523
	校	87.5	97	100	90	45	43	89	86	85.5	502
	校-区	-5	-2	0	0	0	-1	-1	-3	-4	-21
平均分	区	69.32	65.05	77.27	73.11	36.45	31.84	74.9	70.49	71.12	398.41
	校	68.00	63.11	75.87	72.97	35.21	30.76	77.35	67.42	66.12	386.56
	校-区	-1.32	-1.94	-1.40	-0.14	-1.24	-1.08	2.45	-3.07	-5.00	-11.85
T分数	区	50	50	49.92	49.96	49.94	49.98	49.98	49.99	49.99	50
	校	48.53	49.14	49.51	50.19	48.59	48.26	51.97	47.3	44.88	48.71
	校-区	-1.47	-0.86	-0.41	0.23	-1.35	-1.72	1.99	-2.69	-5.11	-1.29
优秀率	区	3.20%	10.10%	40.50%	47.80%	51.60%	19.70%	57.70%	37.90%	40.90%	22.20%
	校	1.50%	8.70%	35.40%	55.80%	47.30%	13.30%	71.40%	36.60%	22.20%	22.30%
	校-区	-1.70%	-1.40%	-5.10%	8.00%	-4.30%	-6.40%	13.70%	-1.30%	-18.70%	0.10%
及格率	区	84.00%	70.90%	78.20%	91.80%	89.60%	78.20%	93.90%	91.10%	91.70%	86.50%
	校	82.00%	68.00%	86.40%	92.80%	83.30%	78.70%	98.00%	90.90%	93.70%	87.90%
	校-区	-2.00%	-2.90%	8.20%	1.00%	-6.30%	0.50%	4.10%	-0.20%	2.00%	1.40%

【解读】 表 4-5 中加下划线并加粗的数据代表学校明显高于区整体水平的情况，斜体加粗的数据代表学校明显低于区整体水平的情况。政治学科的平均分、T 分数、优秀率都明显低于区平均水平，仅及格率高于区平均水平，说明该学科的优等生比例不足，这可能与选考学生群体的基础水平有关，教师需结合学科特点挖掘学生潜力，实现培优扶弱。其他学科情况：历史学科的平均分、T 分数、优秀率、及格率都明显高于区平均水平，是本次考试中表现最好的学科；地理学科的平均分、优秀率都明显低于区平均水平；生物学科的优秀率明显低于区平均水平；化学学科的优秀率、及格率明显低于区平均水平；物理学科的优秀率明显高于区平均水平；英语学科的优秀率明显低于区平均水平，及格率则高于区平均水平。各学科都需要结合学科特点和学情进行具体分析，制定相应的提升策略。

以上指标是对一次考试情况的反映，在实际分析中，我们会通过多次考试的纵向比较来分析群体或个体的进退步情况，通常采用 T 分数这一指标。具体内容参考下面的"三、班级分析 2.两次考试各班级各学科 T 分数比较"部分。

（二）区/校地理学科各分数段人数分布比较

此部分以地理学科为例进行分析。

图 4-8 是××学校地理学科各分数段人数分布情况图，表 4-6 为区/校各分数段人数比例比较表。

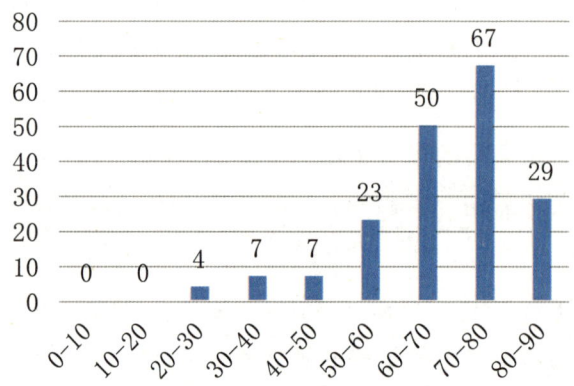

图 4-8 ××学校地理学科各分数段人数分布情况

表4-6 区/校各分数段人数比例比较

分数段	0-10	10-20	20-30	30-40	40-50	50-60	60-70	70-80	80-90	90-100
××学校	0.00%	0.00%	2.14%	3.74%	3.74%	12.30%	26.74%	35.83%	15.51%	0.00%
全区	0.08%	0.37%	0.86%	1.65%	3.70%	9.30%	20.98%	38.05%	25.01%	0.08%
校-区	-0.08%	-0.37%	1.28%	2.10%	0.04%	3.00%	5.76%	-2.22%	-9.50%	-0.08%

【解读】表4-6中斜体加粗的数据代表学校明显低于区整体水平的情况，可见学校在高分段的人数比例与区整体有一定差距，还需要加强对地理学科的学优生的培养。

（三）区/校/班级地理学科各指标比较

班级单科指标统计表如表4-7。

表4-7 ××学校各班级与区、校的地理学科各指标比较

	统计人数	平均分	最高分	最低分	标准分	优秀率	良好率	及格率
全区	2431	70.49	89	1	49.99	37.89%	79.23%	91.11%
××学校	187	67.42	86	23	47.3	25.67%	72.73%	88.24%
1班	28	75.93	85	45	54.22	57.14%	92.86%	96.43%

续　表

	统计人数	平均分	最高分	最低分	标准分	优秀率	良好率	及格率
2班	16	63.56	85	23	45.67	37.50%	56.25%	75.00%
3班	18	69.06	86	39	48.53	27.78%	77.78%	88.89%
4班	16	66.44	81	36	46.24	12.50%	68.75%	87.50%
5班	19	61.68	82	23	42.97	5.26%	52.63%	78.95%
6班	16	60.88	76	33	42.47	0.00%	56.25%	75.00%
7班	18	69.56	86	40	48.51	33.33%	77.78%	94.44%
8班	17	68.24	84	25	47.87	23.53%	82.35%	94.12%
9班	20	66.9	86	50	45.94	15.00%	75.00%	95.00%
10班	19	66.47	85	39	46.34	26.32%	73.68%	89.47%

【解读】表4-7加下划线并加粗的数据代表班级明显高于校整体水平的情况，斜体加粗加底纹的数据代表班级与校整体水平相比有较大差距的情况，斜体加粗不加底纹的数据代表班级与校整体水平相比有一定差距的情况。综合各项指标来看，5班、6班是地理学科最薄弱的班级，需重点扶弱。再以2班为例进行分析，2班的地理平均分低于全校平均分，但其优秀率较高（与全区持平），而良好率和及格率与全区有较大差距，这说明2班的地理优等生表现较好，中等生表现不佳，要重视及格线和良好线边缘生的培养。老师在进行教学时要关注这种两极分化现象，做好分层教学。

（四）地理学科各小题得分情况

班级单科题目统计表对地理学科的各小题得分率进行计算和比较（如表4-8）。

表4-8 ××学校地理学科得分率较低的小题情况

题目	校得分率	区得分率	校－区	对应知识点
8	61.50%	73.02%	-11.52%	中国地理 --> 疆域与人口 --> 运用有关数据说明我国人口增长趋势
15	60.96%	73.80%	-12.83%	中国地理 --> 疆域与人口 --> 运用资料说出我国农业分布特点，举例说明因地制宜发展农业的必要性和科学技术在发展农业中的重要性 --> 根据资料，简要分析我国农业分布特点的成因
27	72.73%	81.86%	-9.13%	世界地理 --> 气候 --> 阅读世界年平均和1月、7月平均气温分布图，归纳世界气温分布特点
41.3	63.99%	73.32%	-9.32%	中国地理 --> 疆域与人口 --> 运用中国地形图概括我国地形、地势的主要特征 --> 运用资料简要评价我国的地形、地势特征
43.1	51.51%	61.69%	-10.17%	世界地理 --> 认识区域 --> 运用地图等资料简述某大洲的纬度位置和海陆位置 --> 简要评价某大洲的经纬度位置、海陆位置特点
43.2	63.10%	72.56%	-9.46%	世界地理 --> 认识区域 --> 运用地图和其他资料，归纳某大洲地形、气候、水系的特点，简要分析其相互关系
43.3	56.68%	66.41%	-9.73%	用地理现象说明地球的自转和公转 --> 用生活中的地理现象说明地球的自转和公转

【解读】受篇幅所限，在表中仅呈现了学校在小题得分率上低于区得分率8%以上的题目，以及各小题所对应的知识点。

（五）区/校地理学科知识块得分情况比较

为了精准诊断学生的学科知识、能力素养水平等方面的情况，可以从不同的角度进行得分率的比较。例如，知识块（一级、二级、三级……）、题型（主观题/客观题、选择题/填空题/解答题）、难易度（基础性/发展性试题）、学科能力、学科思想方法、学科核心素养。下面以知识块为例进行分析。

学校单科按知识块统计得到如下两个表（表4-9、表4-10）。

表4-9　××学校与全区的地理学科一级知识块得分率情况比较

题目组 (一级知识块)	满分值	对应题目	区平均分	校平均分	区得分率	校得分率	得分率差值 (校-区)
地球与地图	7	1-5,43.3	5.67	5.60	81.00%	80.06%	-0.94%
世界地理	34	25-38,43.1,43.2,43.4	24.3	23.33	71.47%	68.62%	-2.85%
中国地理	49	6-23	39.6	38.49	80.82%	78.54%	-2.27%

【解读】在一级知识块上，学校在"世界地理""中国地理"上有较大欠缺。

表4-10　××学校与全区的地理学科二级知识块得分率比较

题目组 (二级知识块)	满分	对应题目	全区平均分	学校平均分	全区得分率	学校得分率	得分率差值 (校-区)
地球和地球仪	4	1,2	3.09	2.90	77.25%	72.46%	-4.79%
地图	3	3,4,5	2.58	2.71	86.00%	90.20%	4.20%
海洋与陆地	2	25,26	1.88	1.86	94.00%	92.78%	-1.22%
气候	3	27,28,29	1.89	1.80	63.00%	60.07%	-2.93%
居民	3	30,31,32	2.27	2.28	75.67%	76.11%	0.45%
地域发展差异	1	35	0.87	0.90	87.00%	89.84%	2.84%
认识区域世界	25	33,34,36,37,38,43.1, 43.2,43.4,44,44.1-44.4	17.38	16.49	69.52%	65.97%	-3.55%
疆域与人口	26	6,7,8,11-15, 20,21,39,40,41.4	20.1	19.04	77.31%	73.24%	-4.07%
地域差异	4	16-18,42.1	3.27	3.28	81.75%	81.95%	0.20%
认识区域中国	19	9,10,19,22-24, 42.2-42.5,43.5	16.22	16.17	85.37%	85.08%	-0.29%

【解读】在二级知识块上，学校在"地球和地球仪""气候""认识区域世界""疆域与人口"上有较大欠缺。

三、班级分析

表4-11列举了班级分析中的常用分析维度及其意义。

表4-11 班级分析常用维度及意义

序号	维度	意义
01	各班级各学科T分数比较	诊断各班的优势学科和弱势学科
02	两次考试各班级各学科的T分数差值	诊断各班各学科的进步情况
03	班级在××学科各小题得分情况	各班级在××学科的各种指标表现
其他	班级边缘生诊断	精准定位,重点提升

(一)各班级各学科T分数比较

要对各学科进行横向比较,可以采用T分数的指标。整理得到各班学科T分数情况表(如表4-12)。

表4-12 ××学校初三各班的学科T分数比较

	语文	数学	英语	物理	化学	生物	历史	地理	政治
1班	55.58	57.48	59.22	58.31	54.57	55.82	52.45	54.22	38.5
2班	50.58	51.68	50.24	50.39	48.89	49.21	50.37	45.67	46.47
3班	48.95	45.67	46.7	49.38	48.68	46.64	47.22	48.53	45.42
4班	47.3	47.1	46.96	48.35	46.65	44.3	55.22	46.24	44.46
5班	45.79	44.14	45.88	44.77	39.61	41.58	53.6	42.97	47.84
6班	44.6	44.8	43.59	43.21	42.68	42.32		42.47	41.36
7班	48.58	49.82	50.86	50.86	49.23	47.39	50.06	48.51	49.57
8班	47.4	49.98	51.02	52.07	52.54	49.53	56.44	47.87	44.85
9班	44.26	48.4	48.03	47.15	49.34	47.16	52.17	45.94	46.23
10班	48.58	48.53	47.67	51.89	46.8	50.17	46.25	46.34	41.83

【解读】表4-12加下划线并加粗的数据代表各班的优势学科,斜体加粗的数据代表各班的弱势学科。3班、6班的所有学科均低于全区平均

水平（T=50），1 班政治的 T 分数偏低，查看原始分数发现，只有 3 个人选考此科目，且该三人是班级的末三位。

通过绘制 T 分数折线图（如图 4-9），能够更清楚地看到各班各学科的相对强弱趋势。为了便于观察，这里只以 1 班 -4 班为例进行了绘制。

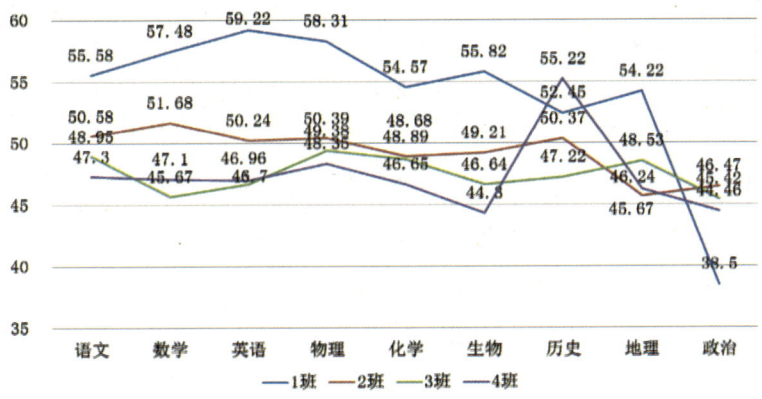

图 4-9　××学校初三 1 班 -4 班的学科 T 分数折线

（二）两次考试各班级各学科 T 分数比较

为了对各班一段时间以来的备考效果进行检验，对初三下学期期末检测和初三一模检测的各班级五个学科 T 分数进行比较。表 4-13 呈现了两次考试的 T 分数差值，正值表示进步，负值表示退步。

表4-13　××学校初三各班两次考试的学科T分数比较

	物理	化学	生物	历史	地理	政治
全校	0.92	0.74	0.53	2.01	0.71	2.40
1 班	−0.23	−2.39	−2.43	−1.50	0.54	1.17
2 班	−1.32	−1.13	−1.04	2.29	−1.56	5.27
3 班	0.61	4.64	0.03	0.50	3.83	0.10
4 班	2.94	3.51	−0.92	4.10	0.52	2.99
5 班	2.83	1.19	4.09	4.52	1.36	5.25

续表

	物理	化学	生物	历史	地理	政治
6班	0.98	0.62	0.25	0.00	2.50	1.30
7班	1.38	−0.41	−0.18	1.13	−1.21	12.27
8班	2.62	3.93	1.85	2.90	0.04	−0.54
9班	0.85	1.20	−2.37	−3.13	−1.00	0.65
10班	−0.03	2.19	4.46	2.38	1.89	0.73

【解读】表4-13加下划线并加粗的数据代表进步学科，斜体加粗的数据代表退步学科。进步幅度较大的班级有5班、3班，退步幅度较大的班级有1班、9班，可见，1班虽然整体水平较高，但有退步趋势，需查找问题，而3班、5班虽然较弱，但整体是处于上升态势，值得肯定。

（三）班级在地理学科各小题得分情况

以2班为例，计算各题目上的得分率，根据班级单科指标统计表得到如下表4-14。

表4-14　××学校初三2班与学校的地理学科得分率较低的题目情况

题目	班得分率	校得分率	班－校	对应知识点
14	62.50%	80.75%	−18.25%	中国地理→疆域与人口（疆域与行政区划、人口与民族）→运用资料说出我国农业分布特点。
15	37.50%	60.96%	−23.46%	中国地理→疆域与人口（疆域与行政区划、人口与民族）→根据资料，简要分析我国农业分布特点的成因。
17	62.50%	87.17%	−24.67%	中国地理→地域差异→运用资料比较秦岭—淮河一线两侧的自然地理差异对生产、生活的影响。
19	68.75%	83.42%	−14.67%	中国地理→认识区域→运用资料说出首都北京的自然地理特点、历史文化传统和城市职能。
24	75.00%	89.30%	−14.30%	中国地理→认识区域→认识台湾省自古以来一直是祖国不可分割的神圣领土；在地图上指出台湾省的位置和范围，分析其自然地理环境和经济发展特色。

第四章 考试分析常用维度

续 表

题目	班得分率	校得分率	班－校	对应知识点
41.4	64.58%	81.11%	-16.52%	中国地理→疆域与人口→在地图上找出我国主要的河流，归纳我国外流河、内流河的分布特征。
43.4	43.75%	58.02%	-14.27%	世界地理→认识区域→说出南、北极地区自然环境的特殊性，认识开展极地科学考察和保护极地环境的重要性。

【解读】受篇幅所限，在表中仅呈现班级在小题得分率上低于校得分率12%的题目。

四、个体分析

表4-15列举了个体分析中的常用分析维度及其意义。

表4-15 个体分析常用维度及意义

序号	维度	意义
01	学生多次考试各学科T分数比较表	诊断学科发展情况
02	答题情况及具体题目分析	诊断薄弱知识点、薄弱能力、思维水平及做题方法
03	学生学科能力素养发展情况	关注思维发展过程，精准定位，重点提升
04	学生如何选考	分析学生在各学科的相对位置变化趋势，助力科学选考

（一）多次考试各学科T分数比较表

通过学生个人成绩分析报告，追踪学生在两次考试的各学科T分数，得到学生的学科进步情况（表4-16）。

表4-16 两次考试中某学生的学科T分数比较

	语文	数学	英语	政治	历史	地理
高二第一学期期末	70.33	59.68	65.77	54.07	56.95	52.16
高二第二学期期末	64.63	59.25	68.61	60.75	61.76	61.21
差值	-5.70	-0.44	2.84	6.68	4.81	9.05

【解读】从以上成绩单（表4-16）中得到：（1）高二第一学期期末语文是该生的强势学科，地理则是该生的弱势学科；（2）该生从"高二第一学期期末"到"高二第二学期期末"的科目进步情况：语文有一定退步，数学稍有退步，地理有较大幅度的提升，英语、政治、历史均有一定提升。

（二）答题情况及具体题目分析

结合学生小题得分和学生单科得分条分析学生个体在各学科哪些题目上存在问题，并对应到学科知识点、学科能力、思维过程上，以便深入分析原因，学生的错题是基础不牢，还是不理解概念，或是粗心（表4-17）。

表4-17 学生的小题得分及作答情况

小题	1	2	3	4	5	6	7	8	9	10	11	12	13	14	15
满分	2/D	2/B	2/C	2/A	2/D	2/C	2/B	2/C	2/D	2/B	2/A	2/B	2/D	2/C	2/D
得分	√	√	√	√	√	√	√	√	√	√	√	√	√	0/D	√

小题	16	17	18	19	20	21	22	23	24	25	26	27	28	29	30.1
满分	2/AB	2/ACD	2/AC	2/ACD	2/BC	2/AB	2/AB	6	8	4	6	2	3	2	1
得分	0/ABC	0/ABD	0/ACD	0/BCD	0/AC	√	0/AD	√	√	√	4	0	0	√	0

小题	30.2	30.3	31	32	33										
满分	3	1	4	3	3										
得分	0	√	3	1	1										

【解读】（1）如表4-17，物理学科的多选题、综合题上失分较多，提示下一步需要夯实基础；（2）需根据各错题对应的知识点、能力点，锁定

薄弱知识点和能力弱项,有的放矢提升。

(三) 学生学科能力素养发展情况

历次考试中,教师可以根据试卷的双向细目表,统计学生的知识主题掌握情况、学科能力素养水平,并记录过程性发展变化。"智慧学伴"平台的"能力素养"版块比较全面的报告了学生的历次测试以及综合性的学科能力素养表现。下面以"智慧学伴"平台的学生个体数据为例进行说明(图4-10～图4-12)。

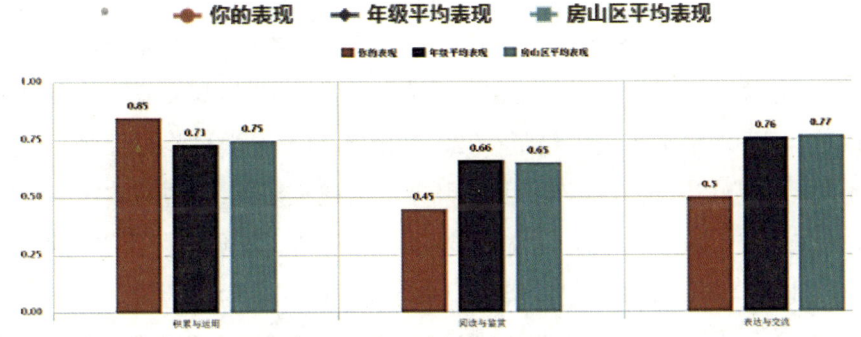

图 4-10 学生的知识主题表现

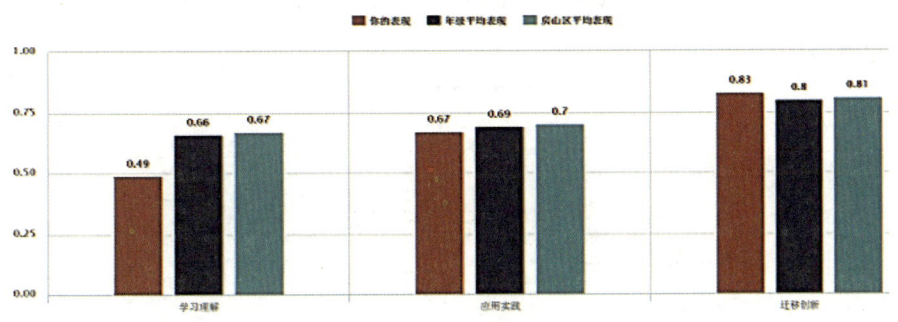

图 4-11 学生的学科能力表现

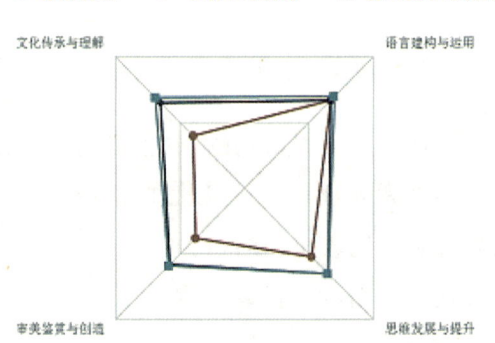

图 4-12 学生的学科素养表现

【解读】（1）如图 4-10，在知识主题层面，学生的"积累与运用"表现高于年级、区平均水平，而在"阅读与鉴赏""表达与交流"的表现与年级、区平均水平有较大差距；（2）如图 4-11，在学科能力层面，学生的"学习理解"水平与年级、区平均水平有较大差距，"应用实践"水平稍低于年级、区平均水平，"迁移创新"水平稍高于年级、区平均水平；（3）如图 4-12，在学科素养层面，学生的"语言建构与运用"素养与年级、区平均水平持平，"文化传承与理解""思维发展与提升""审美鉴赏与创造"的表现低于年级、区平均水平。

图 4-13、4-14 呈现了某生在初一历次测试中的语文学科能力素养发展情况。

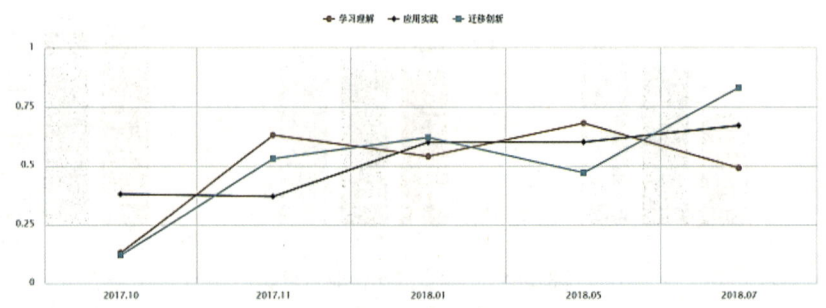

图 4-13 学生历次测试的学科能力表现

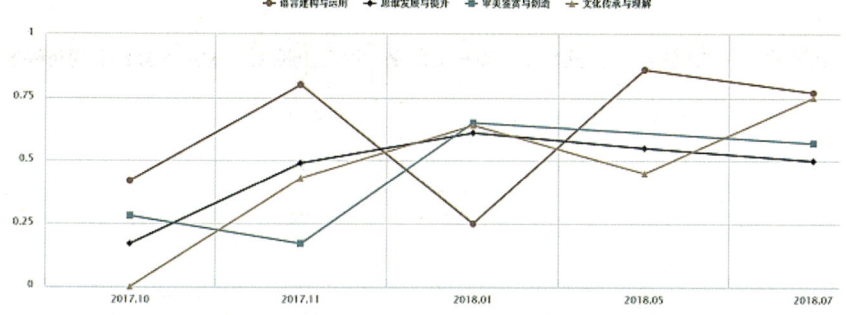

图 4-14 学生历次测试的学科素养表现

【解读】从五次测试的总体发展趋势来看,在学科能力方面,学生的学习理解、应用实践、迁移创新能力均呈现提升趋势;学生核心素养的四个方面均有所提升,但素养的培养是一个持续的过程,在"思维发展与提升""审美鉴赏与创造"方面需要着重提升。

(四)学生个体大幅进退步分析

为了发现学生的学科优势与问题,将两次测试对比,筛选学科排名在区内变化幅度超过50%的学生。表4-18和表4-19显示了高一上前测和高三上期末某校语文学科大幅进步和退步的学生名单。教师可以利用此数据分析进步学生的原因,进行经验分享,将大幅退步的学生作为需要重点关注的对象,进行深入分析和指导,为学科教师精准把握学情提供了数据支持。

表4-18 学校F学生个体分析——语文学科大幅进步学生

学校简称	班级	姓名	高一上前测	高三上期末	学生区县排名变化幅度
学校F	(1)班	齐××	1875	212	73.32%
学校F	(1)班	梁××	1809	300	66.53%
学校F	(10)班	石××	1221	68	50.84%
学校F	(12)班	姜××	1962	616	59.35%

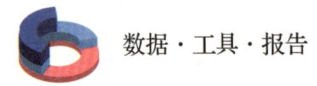

数据·工具·报告

续 表

学校简称	班级	姓名	高一上前测	高三上期末	学生区县排名变化幅度
学校F	（2）班	耿××	1438	300	50.18%
学校F	（4）班	姜××	2129	794	58.86%
学校F	（6）班	李××	2103	794	57.72%
学校F	（7）班	付××	1853	480	60.54%
学校F	（9）班	韩××	1689	300	61.24%
学校F	（9）班	吴××	2148	878	56.00%

表4-19 学校F学生个体分析——语文学科大幅退步学生

学校简称	班级	姓名	高一上前测	高三上期末	学生区县排名变化幅度
学校F	（11）班	宁××	340	1520	−52.03%
学校F	（11）班	许××	660	1812	−50.79%
学校F	（11）班	贾××	441	1586	−50.49%
学校F	（12）班	李××	237	1760	−67.15%
学校F	（12）班	张××	65	1520	−64.15%
学校F	（12）班	石××	470	1812	−59.17%
学校F	（2）班	高××	25	1644	−71.38%
学校F	（2）班	闫××	441	1928	−65.56%
学校F	（2）班	郑××	218	1380	−51.23%
学校F	（2）班	赵××	294	1520	−54.06%

（五）学生如何选考

根据学生多次考试的学科T分数，对各学科的进退步情况进行比较（表4-20）。

第四章 考试分析常用维度

表4-20 高一三次考试中某生的学科T分数比较

		语文	数学	英语	生物	历史	地理	政治
入学	区级	68.30	56.70	58.90	57.90	50.60	60.70	66.10
	校级	68.70	55.80	61.70	58.30	50.40	60.50	68.50
期中	区级	65.30	64.10	69.70	80.20	63.80	56.50	81.00
	校级	65.60	64.50	69.80	79.30	63.50	58.40	79.30
期末	区级	61.90	59.90	55.50	57.90	53.90	50.10	69.20
	校级	60.70	59.00	55.00	60.60	53.90	50.50	70.40
期中－入学	区级	−3.00	7.40	10.80	22.30	13.20	−4.20	14.90
	校级	−3.10	8.70	8.10	21.00	13.10	−2.10	10.80
期末－期中	区级	−3.40	−4.20	−14.20	−22.30	−9.90	−6.40	−11.80
	校级	−4.90	−5.50	−14.80	−18.70	−9.60	−7.60	−8.90

【解读】表4-20中加方框的数字是各次考试的最优学科，加灰色底纹的数字是各次考试的最弱学科。加下划线并加粗的数据代表进步较大的学科，斜体加粗的数据代表退步较大的学科。具体来说：

（1）该学生期末考试的所有科目水平都高于区平均水平；

（2）该生三次考试的最强学科分别为语文、政治、政治，表明语文、政治是该生的优势学科；

（3）该生三次考试的最弱学科分别为历史、地理、地理，表明历史、地理是该生的弱势学科；

（4）该生在期末考试中所有学科都比期中考试有所退步，退步最大的是生物、英语和政治，其中生物和政治是在期中考试中进步最大的学科，表明这种进步的优势没有维持住。这反映了该生在学习习惯、方法和态度上可能存在问题，需要班主任、任课老师以及家长对其进行针对性的分析，实现辅弱培优。

根据《北京市教育委员会关于进一步推进高中阶段学校考试招生制度改革的实施意见》（京教基二〔2018〕16号），自2018级初一新生开始不再采用选考的形式，而是实行全学全考。根据《北京市深化高等学校考试招生制度综合改革实施方案》（京教计〔2018〕20号），自2017级高一新生开始采用"六选三"形式（从思想政治、历史、地理、物理、化学、生物6门科目中选3门参加等级性考试），因此追踪过程性考试的学科T分数对于高一学生合理选考具有较大的参考意义。

小　结

➢ 对于考试数据，不能孤立的看，要从多个维度进行综合分析。
➢ 对于考试数据，也不能绝对的看，要从横向、纵向的相对比较中辩证的看。不仅关注一次考试的结果，更注重学生的过程性发展。
➢ 不仅要看学科整体情况，更要进一步深入分析到学科中的各知识、能力、素养组块情况以及组块之中的题目情况，找准问题。
➢ 结合区、校、学生实际，深入分析产生问题的原因。

五、非智力因素分析

从非智力因素的内涵来看，可以把它定义为，在改造客观世界的过程中，人的意向活动逐步形成起来的一系列稳定的心理特点或因素，统称之为非智力因素。按在外界客观条件大致相同的情况下，非智力和智力共同影响学习者的学习成就。通常情况下，人的智力因素不会有非常大的差异，而动机、意志、性格等非智力因素却可能出现较大差异。学习品质评价不仅关注学习结果，更关注学习过程；不仅进行学业评价，也进行非学业评价。从动机、兴趣、情感、意志、性格方面关注个体发展背后隐含的学习品质，改进教学。图4-15是北京市F区中学生非智力因素测量分析框架。

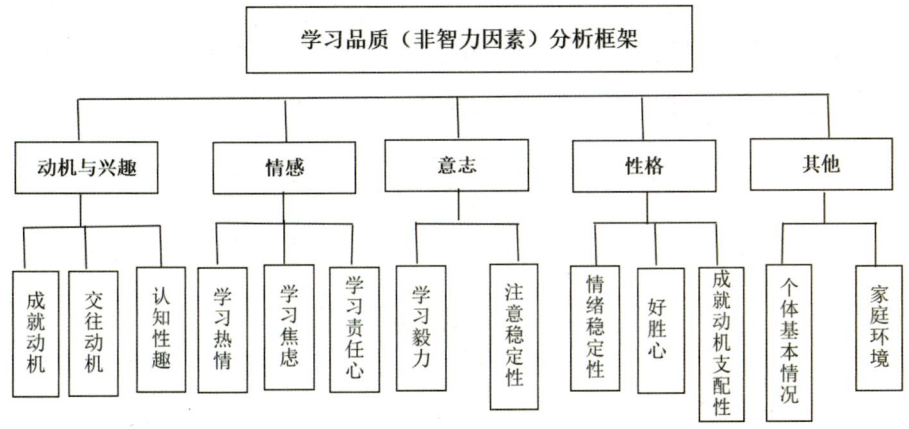

图 4-15 中学生非智力因素测量框架建设——以北京市 F 区为例

从图 4-16 的结果看出，班级学生学习品质各维度与学校均值相比，其学习兴趣、学习坚毅、学习能力差异较大，学习动机、学习负担感受、学习认知接近学校均值。班主任及科任老师重点关注学生的学习兴趣激发、学习能力提升和坚毅品质等方面的培养工作，以薄弱维度的提升带动整体学习品质的提高。

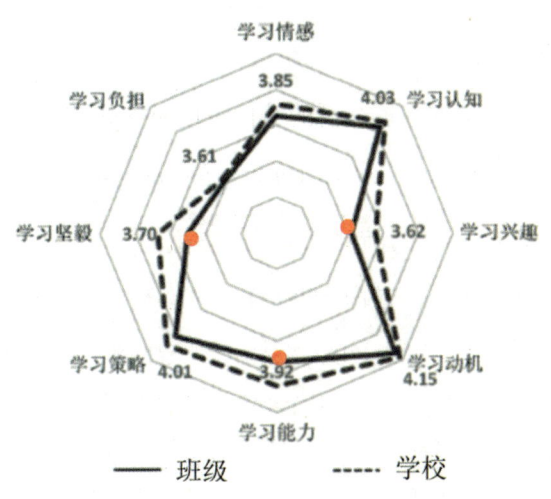

图 4-16 班级学生学习品质与学校对比

通过测评学生个体在各个维度方面的得分。直观发现个体学生在某些学习品质方面需要注意和强化的角度,教师根据学生的测评数据结果可以有针对性地开展教学活动,优化教学方法。从图4-17中可以看出该学生的负担感受较低,学习坚毅相对较低,学习动机较强。

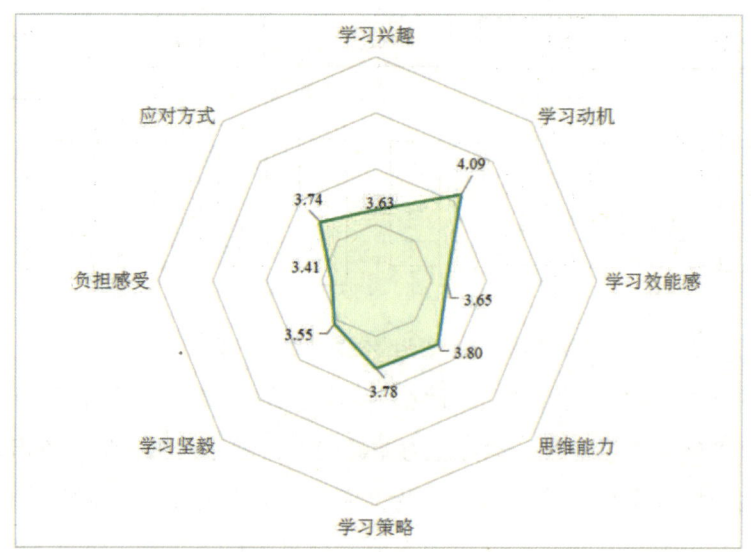

图4-17 个体品质测评(F区L学校××生)

六、各维度综合

表4-21总结了考试数据分析的常用维度及所代表的意义。

表4-21 考试评价常用分析维度及意义

	序号	维度	意义
(一)整体分析	01	区/校/班的总分指标比较	诊断学校及各班级的整体水平
	02	校/区各分数段人数情况	了解学校各分数段的人数分布情况
	03	各班学生总分分布M-S图	诊断各班的学业水平均衡程度
	04	各班学生成绩分层分布	了解各班学生在全校/区的相对位置
	05	成绩变化趋势分析	了解各校学生多次考试的变化

第四章 考试分析常用维度

续　表

	序号	维度	意义
（二）学科分析	01	区/校全科指标比较表	对学校进行全科诊断
	02	区/校××学科各分数段人数分布比较	学校在××学科的各分数段人数分布情况
	03	区/校/班级××学科各指标比较表	各班级在××学科的各种指标表现
	04	××学科各小题得分情况	诊断学校在××学科的薄弱知识点
	05	区/校××学科知识块得分情况比较	诊断学校在××学科的薄弱知识组块
	其他	题型/难易度/内容领域/学科能力/学科思想方法/学科核心素养……	充分利用数据资源进行学科诊断
（三）班级分析	01	各班级各学科T分数比较	诊断各班的优势学科和弱势学科
	02	两次考试各班级各学科的T分数差值	诊断各班各学科的进步情况
	03	班级在××学科各小题得分情况	各班级在××学科的各种指标表现
	其他	班级边缘生诊断	精准定位，重点提升
（四）个体分析	01	学生多次考试各学科T分数比较表	诊断学科发展情况
	02	答题情况及具体题目分析	诊断薄弱知识点、薄弱能力、思维水平及做题方法
	03	学生学科能力素养发展情况	关注思维发展过程，精准定位，重点提升
	04	学生如何选考	分析学生在各学科的相对位置变化趋势，助力科学选考
（五）非智力因素分析	01	动机、兴趣、情感、意志、性格	关注个体发展背后隐含的学习品质，改进教学。

第五章　教师数据应用

一、基于数据的教学改进路径

基于数据的教学改进路径可概括为精细分析—找准问题—准确归因—寻求改进。针对教学数据，要进行学情诊断，依据数据发现日常教学中存在的问题，精准判断学生的薄弱点，提升学科教研水平，从而提高学校教学质量。对于不同的主体，可以从多个角度进行诊断分析。

学科层面：学科教学遗漏点，概念教学问题，提升方向等。

班级层面：班级边缘生，班级学生均衡度，班级管理等。

个体层面：个体优弱势学科，发展潜力，学习习惯，能力水平等。

下面列举了教学层面、学习层面的典型问题。

> **教学层面典型问题**
>
> 学情不明，目标不清，教学少设计，落实不到位；
> 对提升学生的学科综合能力、思维水平缺乏策略；
> 素材选择不精，使用不充分，优质素材资源不足。

学习层面典型问题

学科知识的结构化水平、理解水平有待提升；

综合运用知识从不同角度分析问题的能力有待提升；

在新情境下迁移运用知识解决问题的能力相对薄弱；

运用学科语言进行清晰表达的能力有待提升；

主观试题解答的精准化和精细化水平有待提升。

二、试题分析典型示例

下面以化学学科为例，进行基于学科能力素养的精细化分析。

【试题再现】

27.（12分）近年来，研究人员提出利用含硫物质热化学循环实现太阳能的转化与存储。过程如下：

太阳能 → 热能 → [H₂SO₄分解 反应I] → [SO₂催化歧化] → [S燃烧 反应III] → 热能 → 电能

反应I 生成 O₂、SO₂+H₂O；反应II 生成 SO₂、H₂SO₄；反应III 消耗 O₂，生成 S。

（1）反应 I：

$$2H_2SO_4(l) = 2SO_2(g) + 2H_2O(g) + O_2(g) \quad \Delta H_1 = 551 \text{ kJ} \cdot \text{mol}^{-1}$$

反应 III：

$$S(s) + O_2(g) = SO_2(g) \quad \Delta H_3 = -297 \text{ kJ} \cdot \text{mol}^{-1}$$

反应 II 的热化学方程式：_____。

（2）对反应 II，在某一投料比时，两种压强下，H_2SO_4 在平衡体系中物质的量分数随温度的变化关系如图5-1所示。p_2_____p_1（填">"或"<"），得出该结论的理由是_____。

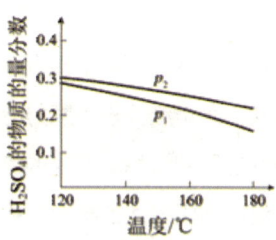

图5-1 H₂SO₄的物质的量分数随温度的变化关系

试题答案如下。

（1）$3SO_2(g)+2H_2O(g) \rightleftharpoons 2H_2SO_4(l)+S(s)$ $\Delta H_2 = -254 kJ \cdot mol^{-1}$

（2）>

反应Ⅱ是气体物质的量减小的反应，温度一定时，增大压强使反应正向移动，H₂SO₄的物质的量增大，体系总物质的量减小，H₂SO₄的物质的量分数增大

【分析过程】

第一步，初步反思。该题是2018年北京市高考题目，通过计算全区考生在各小题上的得分情况，发现27_1、27_2_2的得分率分别为0.83、0.41，存在较大差异。分析题目本身，这两个小题都考查了"变化观念与平衡思想"的学科素养，以及分析解决问题能力。那么对于同一素养、能力维度的考查，为何数据结果反差如此之大？

第二步，精细分析。运用北京师范大学王磊教授提出的三级学科能力体系（图5-2），对两个小题的考查内容进行精细化分析，27_1实际考查的是A学习理解层面的A-2概括关联能力、27_2_2实际考查的是B实践应用层面的B-1分析解释能力。相应的，学生的分析解释能力有待进一步提升。

第三步，归因分析。由于部分学生在复习中只注重刷题，而没有形成明确的思维路径，导致不能用简明规范有逻辑的语言表达出来。

第四步,反思教学。教学中要重视运用"变式",首先立足教材,将教材原型进行充分的论证展示,再提供给学生一个教材以外的具有类似角度的题目让学生进行分析、解释、表达。

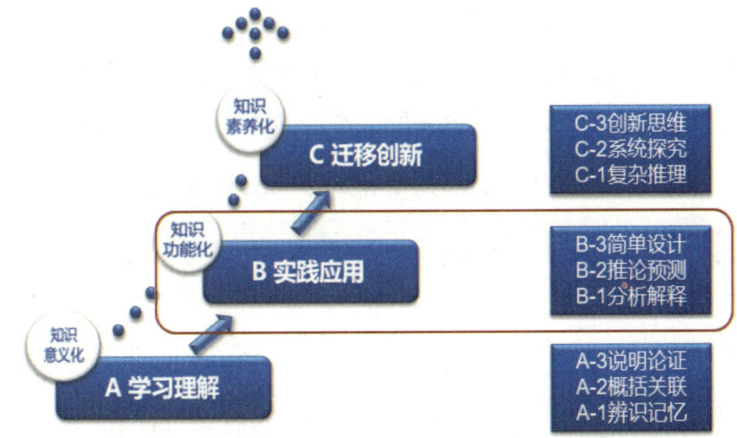

图 5-2　化学三级学科能力体系

三、学科分析示例

教师拿到学生成绩后怎么办?面对得分率低的试题仅仅告诉学生正确答案就可以吗?显然要通过测评找到问题所在,帮助我们更好地改进教学。

【试题再现】

(2023.01 期末原创)2019 年杭州市特色小镇(图 5-3)。

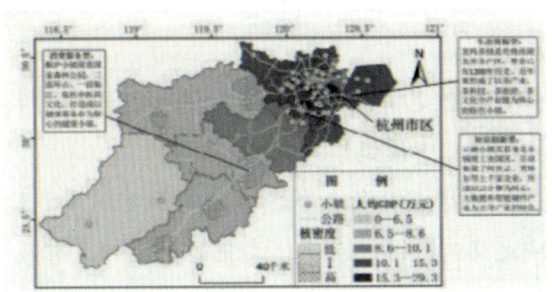

图 5-3　杭州市特色小镇

（2）结合实例，论述杭州市如何因地制宜建设特色小镇。（6分）

（提示：从区位条件、特色产业、区域关联等视角展开论述）

初步反思：以区域某次期末测试为例，如表5-1，25.2题得分率明显低于其他试题。对应的是地理学科的迁移创新能力，对照三级学科能力表现，实际考查的是规划设计能力。学生在知识迁移方面还有待于提升。针对考试数据发现的问题深入分析原因和找到改进方向。

表5-1 高中地理学科3*3学科能力表现

3*3学科能力	得分率（%）	二级指标	得分率（%）	题号
学习理解	74.6	观察辨识	91.77	4，7，14
		分类比较	93.22	2，3
		归纳概括	59.72	21.1，24.2，25.1
应用实践	63.3	科学解释	58.10	1，5，6，10，19，22.1，22.2，23.2，24.1，24.3，24.4
		应用	67.61	8，9，11，12，16，18，20，21.2，22.3，23.1
		调查评价	68.81	13，15，17，21.3
迁移创新	14.5	规划设计	14.5	25.2

归因分析：通过对学生的调查发现，学生认为这是新的题型没有做过，有的学生懂因地制宜的道理，但是不会用文字术语表达，对于什么是区域关联不清楚。此论述题设问灵活开放，多元评价，属于创新型试题，考查学生的发散思维、类比思维等。学生在变化的情境下就无法灵活地运用所学知识了。

反思教学：大多数老师没有深入研究课标，教师对教学深度与广度的把握还不够。在课标中提到相关概念和实例：

区域关联是指地球表面的各个区域之间具有物质、能量、信息等形式的联系。区域之间的经济、社会、文化的关联形式有人口流动与迁移，商品……

因地制宜是指结合区域的自然和人文特点，选择和创造不同的人类活动形式。要实现因地制宜，首先要了解区域的特点，而区域特点是在区域比较中发现的……

以北京某村落为例。400字略

教师需要《课标解读》再学习，加强重要概念内涵的理解，研读新课标，理解新课标是我们当前教育教学的重要任务。教师在讲评试卷过程中，不单单是把答题模板告诉学生，而是要培养学生基本的学科思维逻辑，将学科的基础知识、基本技能与生活联系，基于情境理解和感悟，学会逐渐将所学知识迁移应用。

第二部分　工具

第六章 数据采集

一、数据采集方法

教育数据收集是挖掘教育数据价值的第一步，日益增长的海量数据被收集并存储在各种数据库有利于人们在数据库中提取有价值的信息，一般情况下应基于用户目标进行教育数据采集，包括数据库中所有的结构化数据、非结构化数据、半结构化数据。大数据的采集方法主要有系统日志采集方法、网络数据采集方法和其他数据采集方法。

系统日志采集方法。这种方法可以采集到学生浏览的哪些视频课件、看了多长时间、是否快进观看、哪些课件重复观看、视频课件观看的顺序等这些行为都被完整地记录了下来。

网络数据采集方法。这种方法适用于从国家精品课程、各种网络培训资源、教学课件、微课、电子书、APP 应用等中提取数据。这种数据大多属于非结构化数据，网络数据采集方法将非结构化的数据从网页中抽取出来，然后将抽取出来的数据以统一的结构化的方式存储。

其他数据采集方法。基础性数据适用于该方法如学校管理信息、教师的基础信息、学生的基础信息、行政管理信息、教育统计信息、教育设备信息、教育环境信息等，这类数据目前主要通过定期的人工方法采

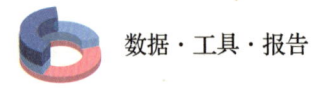
数据·工具·报告

集。另外，人事系统、学籍系统、学校资产系统等中的数据主要通过系统之间的数据交换实现教育数据的采集与更新。

二、数据采集技术

在当前倡导的以学生为中心的学习环境中，学生学习"数据"和"证据"主要产生于校内外的学习过程数据、学习者个性数据、学习成果数据等。其中，学生在学校内外的学习过程数据包括学习交互、学习行为、学习路径、各类过程性学习档案等，学习者个性数据则包括学生的生理、情感、认知状态数据等，以及各类以考试、作业、作品等形式展现的学习成果。

为了实现"数据"+"证据"为基础的教育评价，学校采取了很多评价数据采集措施，如考试、问卷、作业档案袋等。然而这类信息多是采集学生的学习结果信息或者状态信息（如学习风格），属于静态信息，而学生在学习过程中实时产生的诸多动态信息如学习路径、学习行为等教育全过程数据的采集研究会提高评价结果的准确度和可信度。

目前，智能学习环境以及具有数据采集能力的学习终端如平板电脑、智能手机、数码笔、可穿戴设备等的应用，为破解学生学习过程数据采集难题提供了技术方案。

平板电脑是一种便携的智能设备，很多学校将其配备给学生开展数字化学习。通过平板电脑中电子教材系统、数字资源系统、作业与考试系统和互动交流系统可以记录和生成学习行为大数据，主要包括海量的学习内容序列节点数据、海量的学习资源序列节点数据、海量的练习评测序列节点数据和海量的互动交流序列节点数据等。这些数据涵盖了学生在学习过程中所产生的学习行为数据，再结合平板电脑环境感知数据能够对学生进行多元深层次评价，从而发现学生真正的不足和潜能。

点阵笔可以实现学生最自然的纸笔环境下的学习数据采集。点阵笔利用数字光学点阵技术，通过在普通的纸张上印上一层不可见的点阵图案，数码笔前端的高速摄像头随时捕捉笔尖的运动轨迹，同时压力传感器将压力数据传回数据处理器，最终将信息通过蓝牙或 USB 线向外传输。这些信息包括纸张类型、来源、页码、位置、笔迹坐标、运动轨迹、笔尖压力、笔画顺序、运笔时间、运笔速度等信息。学生只需在纸上作答，老师立刻能在大屏幕上获得学生的知识掌握情况。利用点阵笔可以实时记录学生在纸笔环境下的学习行为，将学生在学习中不同环节的思维和行为可视化。

学生学习的全过程大数据除了我们熟知的课堂中的学习数据以外，还包括课堂外学习数据和学生的个人生活、心理等状态数据。尽管人们早已认识到这类数据的重要性，但现实中却难以精准采集这类数据。学习分析专家 Siemens 教授指出，学习分析所需的数据主要来源于学习管理系统、键盘数据、浏览器数据等学生操作电脑的数据，缺少对现实情境中学习过程数据的捕捉，从而导致分析者难以深入了解学习和教学过程。2007 年凯文·凯利提出了量化自我的概念，就是用实时测量或记录的方法，测试、量化和记录个人的生命数据（如饮食、运动、睡眠、情绪等），并通过数据反馈进行自我调整。量化自我概念的提出和大数据密切相关，其中传感器网络、可穿戴技术、移动终端等对量化自我起关键作用。可穿戴设备技术为自然采集学习者的学习、生活和身体数据提供了可能。通过佩戴相关设备可以实时记录学习者的运动状态、呼吸量、血压、运动量、睡眠质量等生理状态数据，以及学习者学习的时间、内容、地点、使用的设备等学习信息。除此之外，可穿戴设备技术还可以与虚拟仿真、增强现实技术相结合，优化内容呈现方式、丰富学习环境，对学习者的所见、所闻、所感进行全息记录。

第七章 数据加工

一、常用指标的计算步骤

下面以 Excel 2013 操作为例,具体演示各个学业数据常用指标的计算方法。由于篇幅有限,在呈现图表时,主要呈现了 Excel 编辑区、目标单元格及菜单栏的截图。

(一)平均分

以语文学科为例,要计算其平均分,在目标单元格中输入"=average(k2:k226)",其中"k2:k226"是参与计算的数值区域,然后按"Enter"键,如图 7-1 所示。

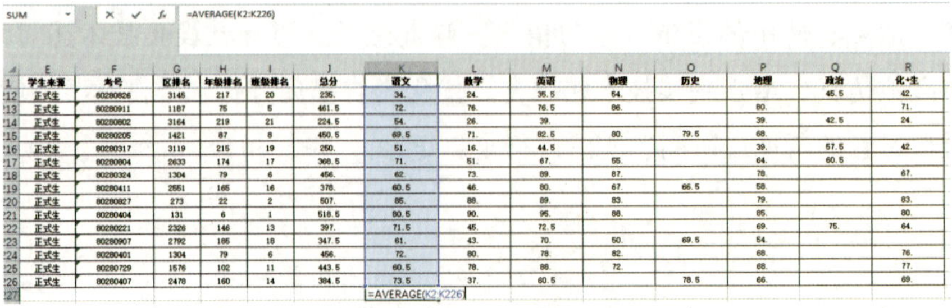

图 7-1 平均分计算示例

（二）众数

在目标单元格中输入"=mode（k2:k226）",其中"k2:k226"是参与计算的数值区域,然后按"Enter"键,如图7-2所示。

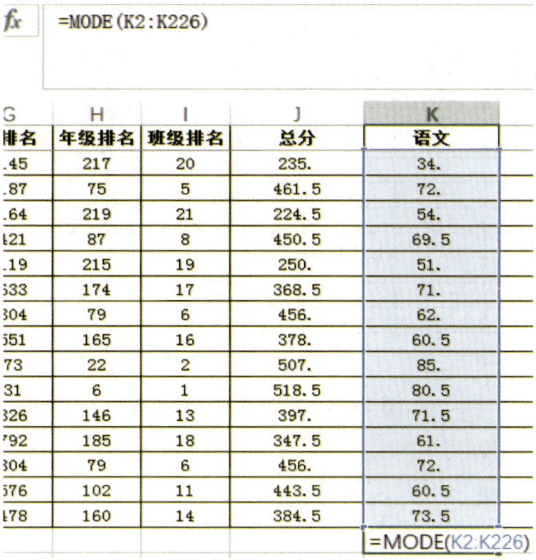

图7-2 众数计算示例

（三）标准差

在目标单元格中输入"=stdev（k2:k226）",其中"k2:k226"是参与计算的数值区域。然后按"Enter"键,如图7-3所示。

数据·工具·报告

fx =STDEV(K2:K226)

G 排名	H 年级排名	I 班级排名	J 总分	K 语文
145	217	20	235.	34.
187	75	5	461.5	72.
164	219	21	224.5	54.
421	87	8	450.5	69.5
119	215	19	250.	51.
633	174	17	368.5	71.
304	79	6	456.	62.
551	165	16	378.	60.5
273	22	2	507.	85.
.31	6	1	518.5	80.5
326	146	13	397.	71.5
792	185	18	347.5	61.
304	79	6	456.	72.
576	102	11	443.5	60.5
478	160	14	384.5	73.5

=STDEV(K2:K226)

图 7-3 标准差计算示例

（四）百分等级

（1）求一列语文成绩的百分等级，在第一个目标单元格中输入"=percentrank（$K$2:$K$226,k2)"，其中"$K$2:$K$226"是参与计算的数值区域，"$"表示绝对引用，计算下面的分数时引用的数值区域不变。"k2"是第一个参与计算的分数。然后按"Enter"键，如图 7-4 所示。

=PERCENTRANK($K$2:$K$226,K2)

K 语文	L 语文百分等级	M 数学
68.5	0.5	61.
75.		82.
78.5		97.
81.		77.
75.5		91.
69.5		83.

图 7-4 百分等级计算示例

第七章 数据加工

（2）为了便于观察，可以将输出结果由小数转化为百分数的形式。方法是选中目标单元格后，依次点击下图菜单栏中的的 % 和 ，也可以选中目标单元格后，点击右键"设置单元格格式"，选择"百分比"，小数位数选择"1"，如图7-5所示。

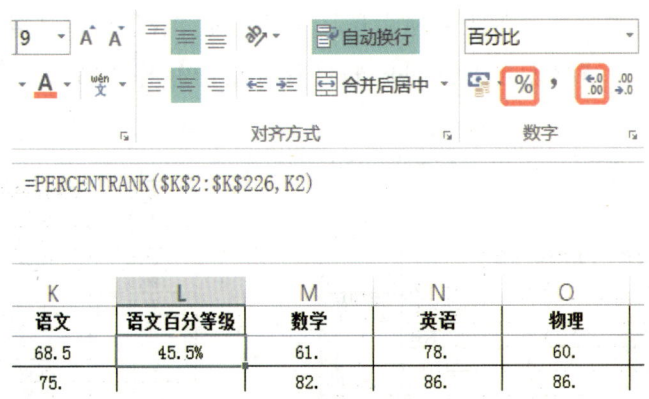

图7-5 数字格式整理

（3）选中单元格L2，鼠标移动到该单元格的右下角，如下图 的位置，这时鼠标变成"+"，双击"+"，整列全部填充完毕，如图7-6、7-7所示。

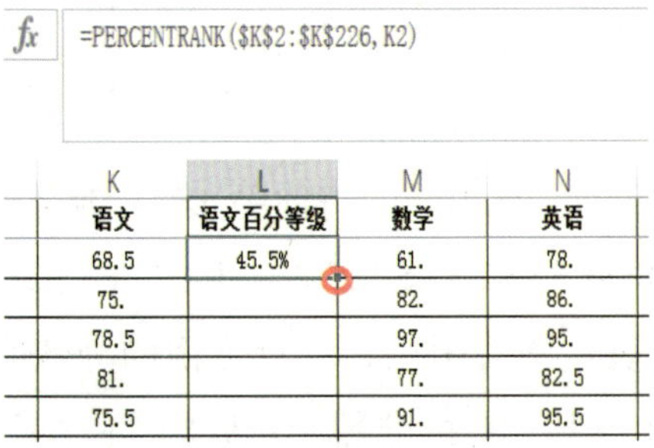

图7-6 填充柄的位置 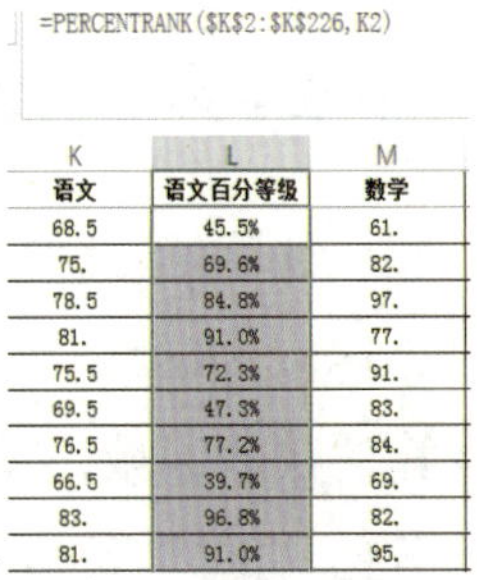　　图7-7 填充完成示例

（五）百分位数

求语文成绩的25%分位数，在目标单元格中输入"=percentile.inc（$K$2:$K$226,25%）"，其中"$K$2:$K$226"是参与计算的数值区域，

“25％”表示第 25 个百分点值，回车后目标单元格显示“61.5”。同样的方法分别计算 50％分位数、75％分位数，结果分别为 70、76。25％分位数、50％分位数、75％分位数也叫第一四分位数、中位数、第三四分位数，如图 7-8 所示。

百分位数是百分等级的逆运算。为了验证，我们可以从第 K 列找到分数“76”，结果发现 L 列对应的百分等级恰好是“75％”，如图 7-9 所示。

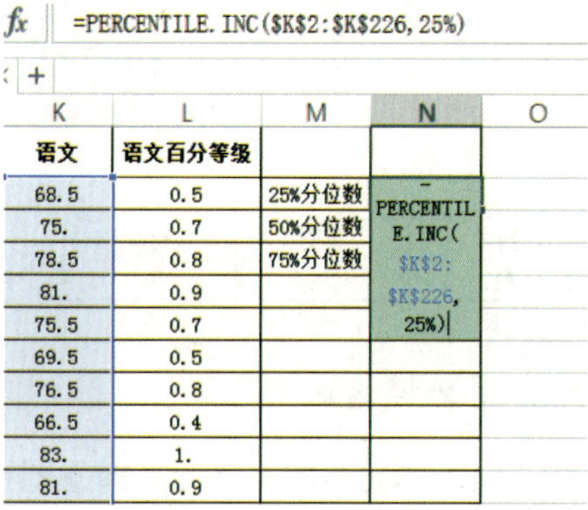
fx =PERCENTILE.INC($K$2:$K$226,25%)

K	L	M	N	O
语文	语文百分等级			
68.5	0.5	25%分位数	=PERCENTILE.INC($K$2:$K$226,25%)	
75.	0.7	50%分位数		
78.5	0.8	75%分位数		
81.	0.9			
75.5	0.7			
69.5	0.5			
76.5	0.8			
66.5	0.4			
83.	1.			
81.	0.9			

图 7-8　百分位数计算示例

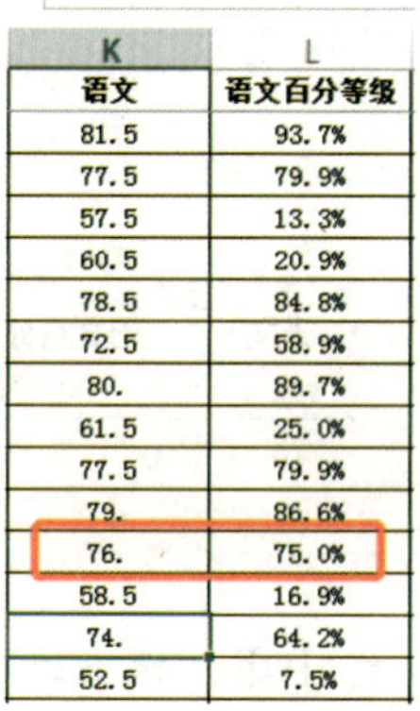
K	L
语文	语文百分等级
81.5	93.7%
77.5	79.9%
57.5	13.3%
60.5	20.9%
78.5	84.8%
72.5	58.9%
80.	89.7%
61.5	25.0%
77.5	79.9%
79.	86.6%
76.	75.0%
58.5	16.9%
74.	64.2%
52.5	7.5%

图 7-9　百分等级结果

（六）标准分和 T 分数

（1）求一列语文成绩的标准分，在第一个目标单元格中输入“=(K2-AVERAGE($K$2:$K$226)/STDEV($K$2:$K$226)”，其中“$K$2:$K$226”是参与计算的数值区域，“$”表示绝对引用，计算下面的分数时引用的数值区域不变。“K2”是第一个参与计算的分数。然后按“Enter”键，如图 7-10 所示。这时可以再选择下图的 ，调整所求标准分的小数位数。

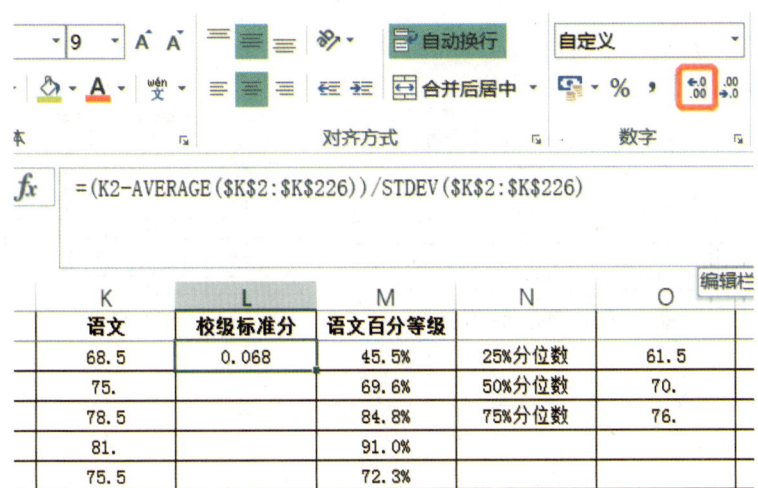

图 7-10 标准分计算示例

（2）要求 T 分数，在第一个目标单元格中输入"=L2*10+50"，回车即可，如图 7-11 所示。

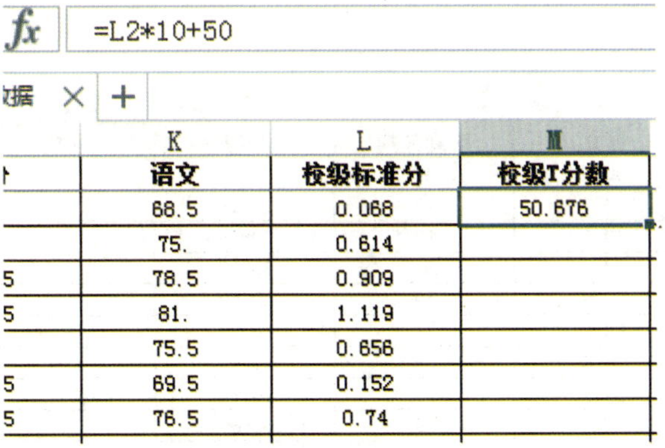

图 7-11 T 分数计算示例

（3）选中单元格 M2，鼠标移动到该单元格的右下角，如下图 7-12 的位置，这时鼠标变成"+"，双击"+"，整列全部填充完毕如图 7-13 所示。

fx =L2*10+50

K	L	M
语文	校级标准分	校级T分数
68.5	0.068	50.676
75.	0.614	
78.5	0.909	
81.	1.119	
75.5	0.656	
69.5	0.152	

图 7-12　填充柄的位置

K	L	M
语文	校级标准分	校级T分数
68.5	0.068	50.676
75.	0.614	56.142
78.5	0.909	59.085
81.	1.119	61.187
75.5	0.656	56.562
69.5	0.152	51.517
76.5	0.74	57.403
66.5	-0.101	48.995
83.	1.287	62.869

图 7-13　填充完成示例

（七）学生成绩分布图

（1）求一列语文成绩的成绩分布图，首先要增加一个列“区间分割”（L1 单元格），并在该列中分别填写所对应组的最大成绩分数；再增加一个列“分组”（M1 单元格），并在该列中分别填写所对应组的分数范围，再增加一个列“人数”（N1 单元格），如图 7-14 所示。

K	L	M	N
语文	区间分割	分组	人数
68.5	9	0-9	
75.	19	10-19	
78.5	29	20-29	
81.	39	30-39	
75.5	49	40-49	
69.5	59	50-59	
76.5	69	60-69	
66.5	79	70-79	
83.	89	80-89	
81.	100	90-100	
84.5			

图 7-14　添加新列示例

（2）选定 N2:N11 单元格，输入如下公式：“=FREQUENCY（$K$2:$K$226,$L$2:$L$11）”，再按下“Ctrl+Shift+Enter”组合键，就可以得到各成绩分组的人数了，如下图 7-15 所示。

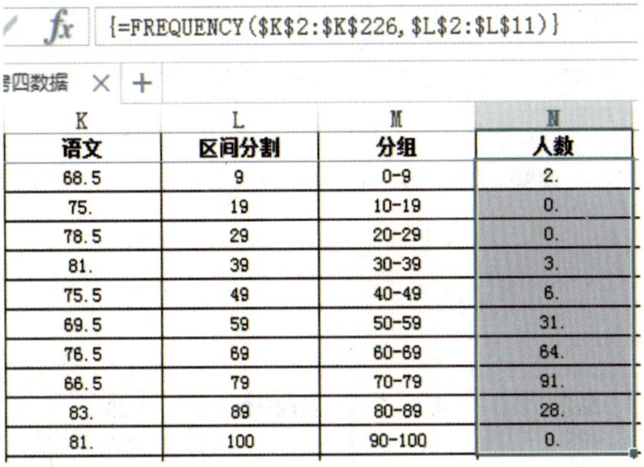

第七章 数据加工

图 7-15 各分组人数计算示例

（3）注意 N2:N11 已经成为一个数组，要对这几个单元格进行格式调整，需要全部选中后再调整。选中单元格 N2:N11，依次点击下图 7-16 的 数值 ， .00→.0 ，设置单元格格式为"数字"，小数位数为"0"。

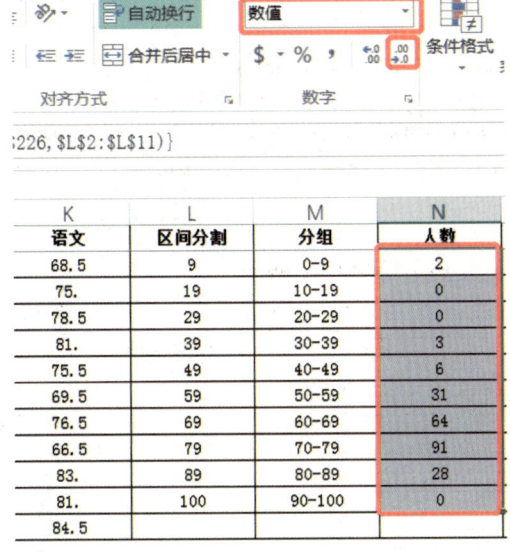

图 7-16 数据格式调整

（4）完成了对数据的分析，接下来就可以制作分数分布图了。选中单元格 M1:N11，点击菜单栏"插入"，单击"柱形图"后，在跳出菜单中

| 67 |

选择"簇状柱形图"按钮,即生成分数分布图,如图7-17所示。

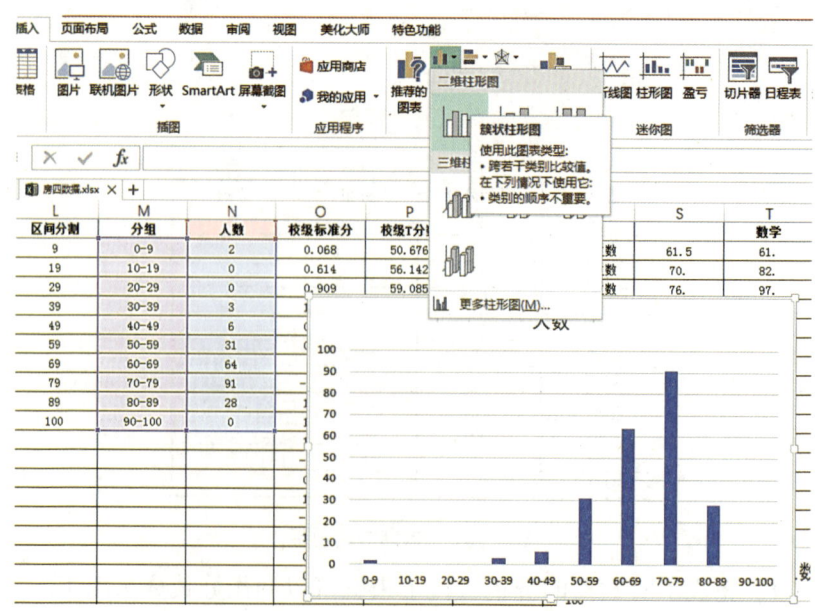

图7-17 分数分布图制作过程

（5）我们可以根据需要及习惯，对自动生成的图表进行必要的美化处理；比如，修改图表的标题为"语文成绩分段分布图"，如图7-18所示。

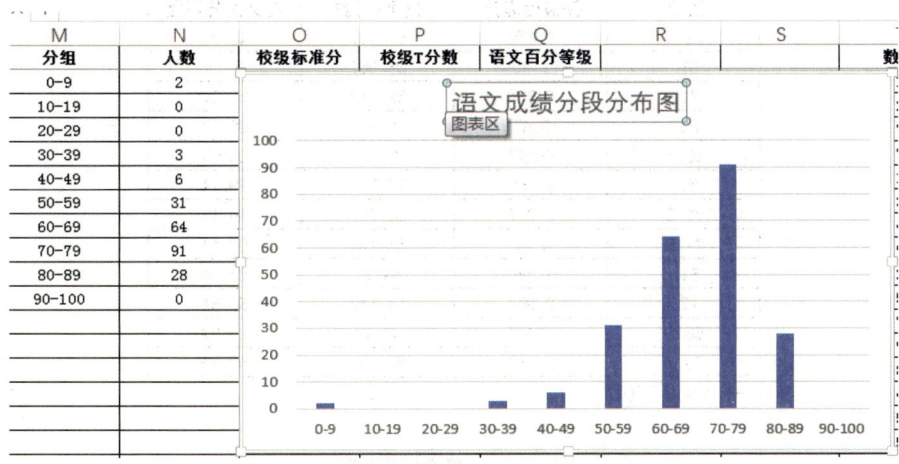

图7-18　分数分布图完成示例

（八）偏度、峰度

要计算一列语文成绩的偏度，在目标单元格中输入"=skew（k2:k226）"，其中"k2:k226"是参与计算的数值区域，然后按"Enter"键，如图7-19所示。

f_x =SKEW(K2:K226)

K	L	M	N
语文	校级标准分	校级T分数	语文百分等级
69.5	0.152	51.517	47.3%
51.	-1.404	35.961	7.1%
71.	0.278	52.779	53.5%
62.	-0.479	45.211	28.1%
60.5	-0.605	43.95	20.9%
85.	1.455	64.551	99.1%
80.5	1.077	60.767	90.1%
71.5	0.32	53.199	54.4%
61.	-0.563	44.37	23.6%
72.	0.362	53.619	56.6%
60.5	-0.605	43.95	20.9%
73.5	0.488	54.881	62.5%
-1.89827757			

图 7-19 偏度计算示例

要计算一列语文成绩的峰度，在目标单元格中输入"=kurt（k2:k226）"，其中"k2:k226"是参与计算的数值区域。然后按"Enter"键，如图 7-20 所示。

f_x =KURT(K2:K226)

K	L	M	N
语文	校级标准分	校级T分数	语文百分等级
62.	-0.479	45.211	28.1%
60.5	-0.605	43.95	20.9%
85.	1.455	64.551	99.1%
80.5	1.077	60.767	90.1%
71.5	0.32	53.199	54.4%
61.	-0.563	44.37	23.6%
72.	0.362	53.619	56.6%
60.5	-0.605	43.95	20.9%
73.5	0.488	54.881	62.5%
-1.89827757			
7.874560976			

图 7-20 峰度计算示例

二、常用维度的计算演示

下面以 2018 年某校初三一模成绩为例，详细演示折合总分、M-S 图、成绩分层分布图、T 分图、知识组块得分报表等各常用维度的计算步骤。

（一）M-S 图制作步骤

1. 清理数据

（1）排除缺考学生。打开学生全成绩册，进行图 7-21 ～图 7-24 所示步骤：

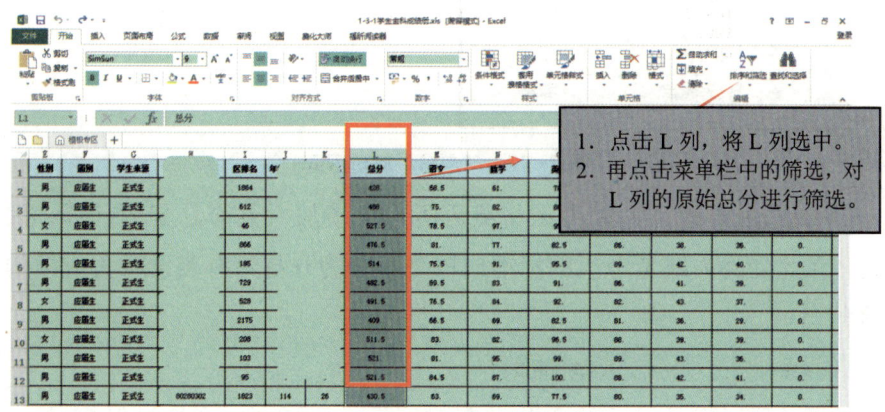

图 7-21 "全科成绩册"筛选界面

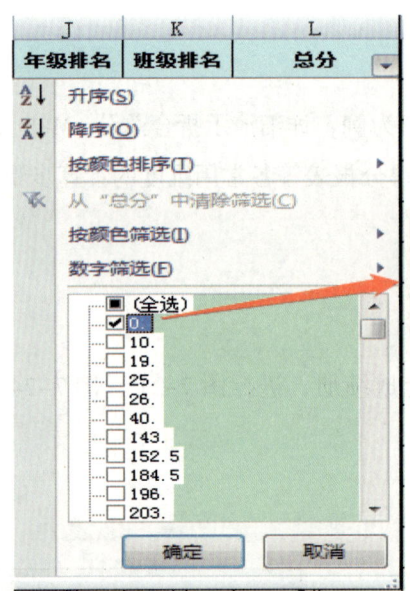

1. 点击总分右下角的倒三角形。
2. 选中≤40分的成绩。
3. 点击确定。

图7-22 "总分"筛选界面

（注：由于初三一模考试将英语听力成绩加入英语总分的计算，因此，在此处除去缺考考生的标准应该是总分为0与只有英语听力成绩的学生。）

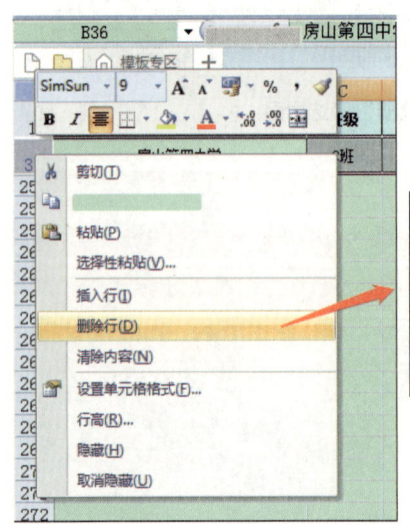

1. 选中总分为0与只有英语听力成绩的学生行。
2. 点击鼠标右键，出现左图的清单。
3. 点击"删除行"，删除缺考学生。

图7-23 删除缺考考生示例

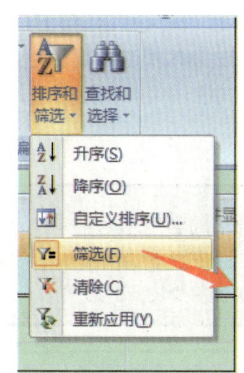

1. 点击菜单栏中的筛选按钮，出现左图的清单。
2. 再点击"筛选"，取消对数据的筛选。

图 7-24 取消"筛选"界面

（2）除去非京籍的学生（此步骤依据学校数据分析的要求有选择性地进行操作）。在上面分析步骤的基础上进行如图 7-25、7-26、7-27 操作：

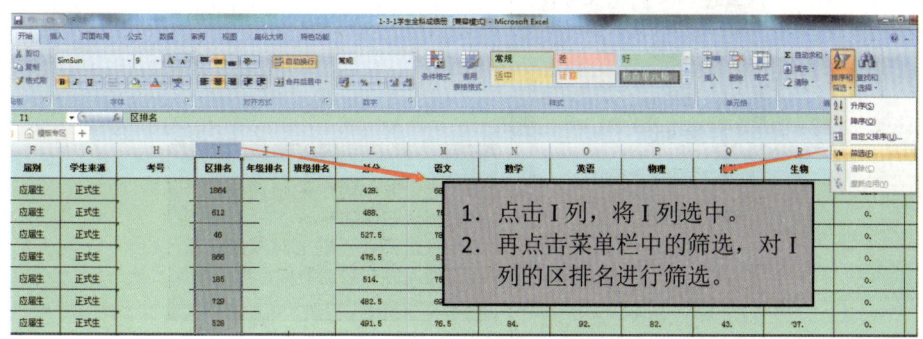

1. 点击 I 列，将 I 列选中。
2. 再点击菜单栏中的筛选，对 I 列的区排名进行筛选。

图 7-25 "区排名"筛选界面

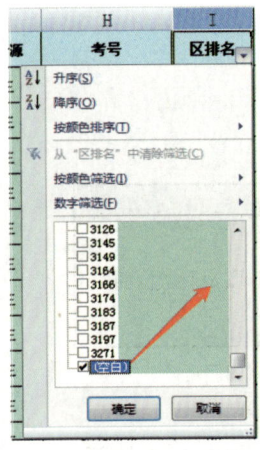

1. 选中没有进行区排名的学生行。
2. 点击鼠标右键，出现左图的清单。
3. 点击"删除行"，删除不参与分析的学生。

图 7-26　不参与"区排名"学生的筛选示例

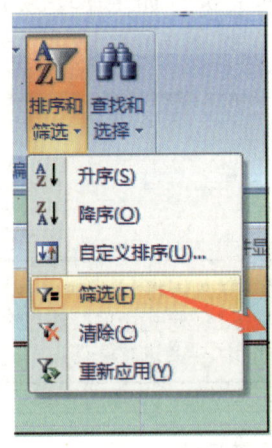

1. 点击菜单栏中的筛选按钮，出现左图的清单。
2. 点击筛选，取消对数据的筛选，完成数据清理工作。

图 7-27　取消"筛选"界面

2. 计算学校、各班级的平均分和标准差

由于该学校有 10 个班级，如果逐一计算各班平均分和标准差，比较烦琐，在此引入一种相对简捷的计算方法——"数据透视表"。具体步骤如下：

（1）选中所有数据，点击菜单栏的"插入"，选择"数据透视表"，弹出"创建数据透视表"对话框，点击"确定"，如图 7-28 所示。

第七章 数据加工

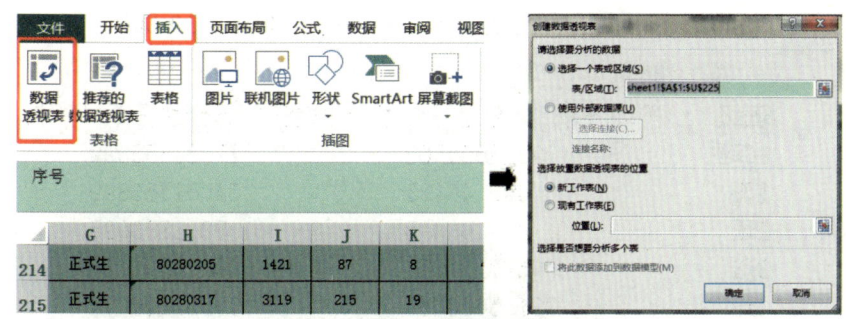

图 7-28 插入"数据透视表"界面

（2）在新生成的数据透视表中，如图 7-29 所示，右侧是"数据透视表字段"边栏，选择要添加到报表的字段：将"班级"字段添加到"行"，将"折合总分"添加到"值"字段，再次将"折合总分"字段拖动到"值"字段。这时，"值"字段中默认的是"求和项值：折合总分"。

（3）接下来，对"值"字段进行设置，选中第一个"求和项值：折合总分"，点击右边的倒三角，点击"值字段设置"，弹出"值字段设置"对话框，选择"平均值"，点击"确定"；选中第二个"求和项值：折合总分"，点击右边的倒三角，点击"值字段设置"，弹出"值字段设置"对话框，选择"标准偏差"（即"标准差"），点击"确定"。

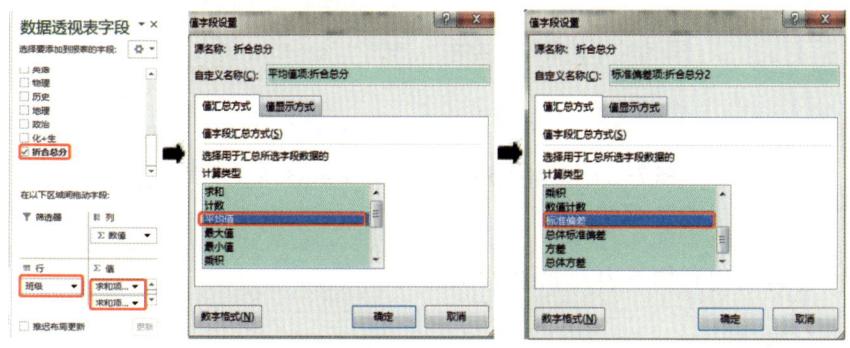

图 7-29 "数据透视表"字段设置界面

（4）整理报表。在报表区域生成如下表格，如图7-30所示。

班级	数据	
	平均值项:折合总分	标准偏差项:折合总分2
10班	392.3904762	77.23853899
1班	449.48125	54.61361899
2班	410.415	72.2881025
3班	396.7227273	60.19731786
4班	391.5666667	70.32408075
5班	377.6695652	63.45294917
6班	356.83	85.55558427
7班	408.3782609	60.34219808
8班	410.5454545	55.7069862
9班	393.26	51.64371261
总计	401.3196429	68.50285888

图7-30 数据透视表的报表区域

为了使数据更加清楚美观，点击菜单栏的缩小小数位数的选项，使所有数值变为两位小数，如下图7-31所示。

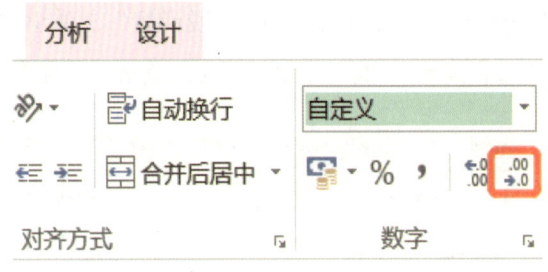

图7-31 "数据透视表"输出表格格式调整示例

整理后得到如下表，如图7-32所示。

班级	数据 平均值项:折合总分	标准偏差项:折合总分2
10班	392.39	77.24
1班	449.48	54.61
2班	410.42	72.29
3班	396.72	60.20
4班	391.57	70.32
5班	377.67	63.45
6班	356.83	85.56
7班	408.38	60.34
8班	410.55	55.71
9班	393.26	51.64
总计	401.32	68.50

图 7-32 "数据透视表"调整格式完成

（5）将上表选中，右键"复制"，在表中的其他区域右键，点击"选择性粘贴——值和数字格式"。粘贴完成后，根据需要修改表中的行标题和列标题，并将"标准差"一列剪切至"平均分"一列的前面，注意，这样的顺序才能保证平均分为纵坐标，标准差为横坐标。如图 7-33 所示。

班级	标准差	平均分
1班	54.61	449.48
2班	72.29	410.42
3班	60.20	396.72
4班	70.32	391.57
5班	63.45	377.67
6班	85.56	356.83
7班	60.34	408.38
8班	55.71	410.55
9班	51.64	393.26
10班	77.24	392.39
全校	68.50	401.32

图 7-33 成绩标准差－平均分表示例

3. 绘制 M-S 图

步骤如下：

（1）选中标准差、平均分两列数据，然后选择 EXCEL 菜单栏中的

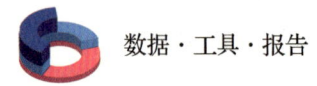

"插入",再点击"插入"下面的"散点图",选择第一个散点图格式,如图7-34所示。

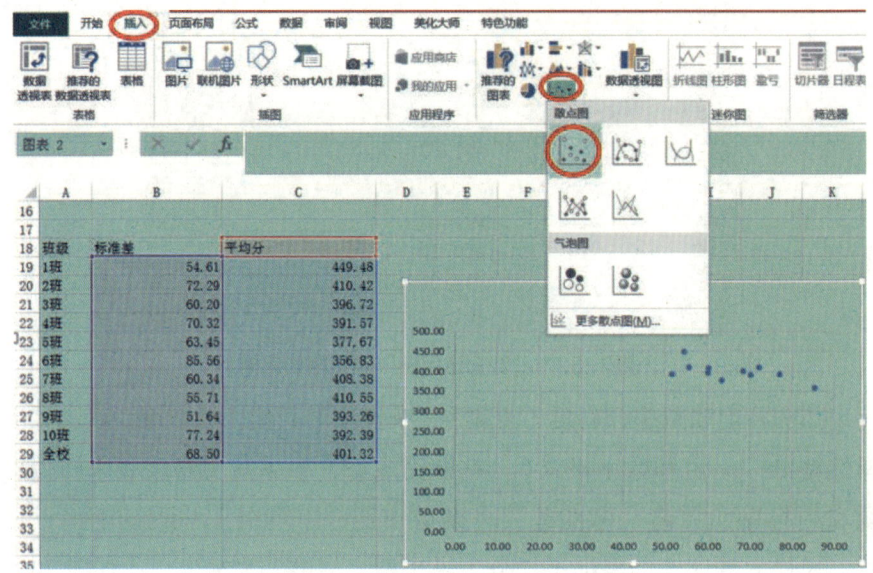

图7-34 插入"散点图"界面

(2)对生成的散点图进行调整,具体步骤为:

①选中散点图,点击菜单栏"图表工具"下方的"设计",点击"添加图表元素",点击"轴标题",点击"主要横坐标轴","坐标轴标题"修改为"标准差",点击"主要纵坐标轴","坐标轴标题"修改为"平均分"。将图表标题修改为"M-S图",如图7-35所示。

第七章　数据加工

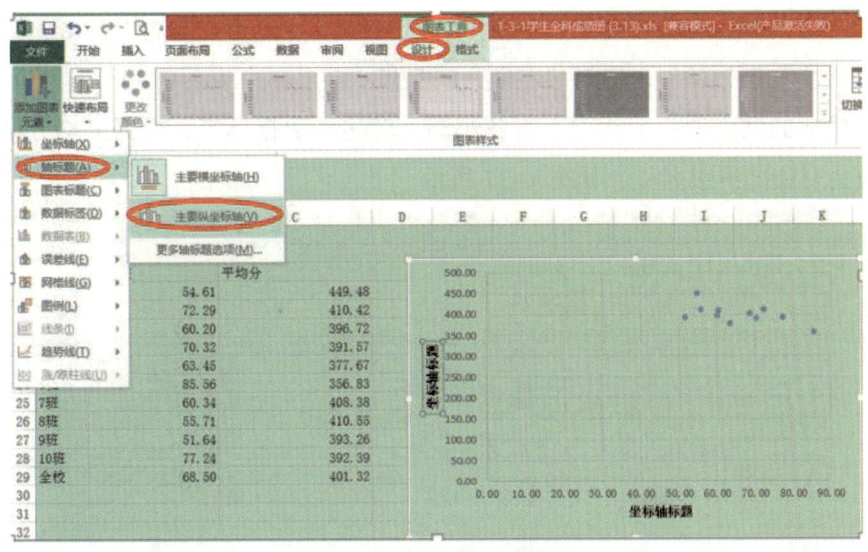

图 7-35　"散点图"调整界面

②双击散点图"纵坐标",在表格区域右侧"设置坐标轴格式"边栏中,合理设置横纵坐标的最大值、最小值、数字格式,如图 7-36 所示。

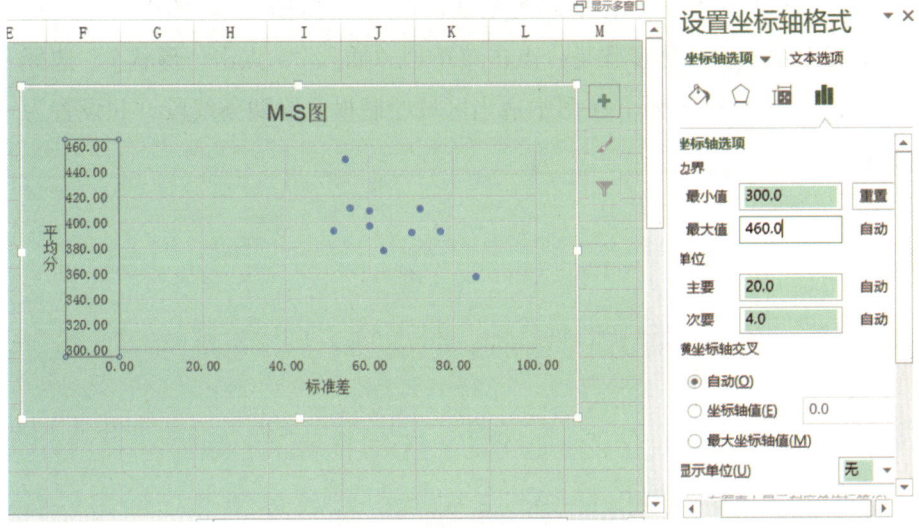

图 7-36　"散点图"的坐标轴调整界面

③点击菜单栏"图表工具"下方的"设计",点击"添加图表元素",点击"数据标签",选择"左侧"(这里可以根据个人习惯进行选择)。在生成的散点图中,逐一点击各小圆点旁边的数据标签,根据平均分修改为对应的班级名称,如图7-37所示。

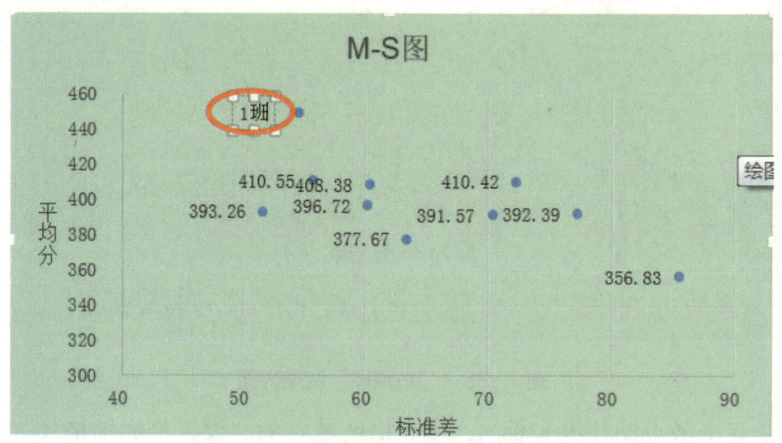

图7-37 "散点图"的数据标签调整界面

④以全校平均分、标准差为基准,插入两条线段,将图中的小圆点分为四个象限。具体步骤是:点击菜单栏"插入",点击"形状",选择直线,如图7-38所示。在图中适当区域绘制横、纵两条线段,并设置为红色,1磅。

第七章 数据加工

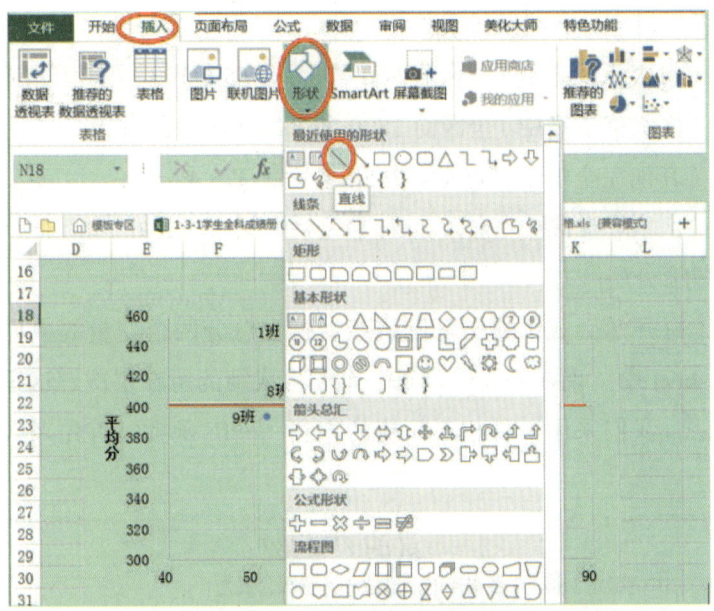

图 7-38 插入横纵分割线界面

⑤对上图进行调整，得到下图，如图 7-39 所示。

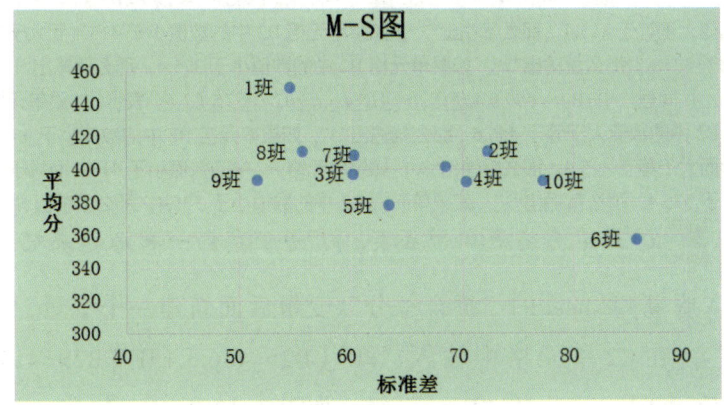

图 7-39 M-S 图完成图

（二）成绩分层分布图制作步骤

根据 F 区 2018 年初三一模考试数据的分层标准，将全体考生划分为四层，各层对应分数线及排名如下：

G4（市级示范高中）全区前 600 名（≥465.6 分）；

G3（区级优质高中）全区前 1800 名（≥415.5 分）；

G2（其他完全中学）全区前 2450 名（≥375.4 分）；

G1（区内职业高中）全区 2451 名之后（≤375.3 分）。

1. 成绩分层

（1）打开学生成绩册，复制班级、折合总分两个变量的数据，粘贴至新建 sheet 中。现在需要确定每一个学生成绩的所在层次，这里可以有多种方法，我们采用一种相对简捷的方法——IF 函数。首先来认识一下 IF 函数。

认识 IF 函数

IF 函数是 Excel 中最常用的函数之一。函数公式为：

=IF(条件判断,条件满足时返回的值,条件不满足时返回的值)

例如，=IF(B2>=375.4,2,1)表示，如果单元格 B2 中的数值大于等于 375.4，那么就输出"2"，如果单元格 B2 中的数值小于 375.4，那么就输出"1"。

以此类推，= IF(B2>=415.4,3,*IF(B2>=375.4,2,1)*表示，如果单元格 B2 中的数值大于等于 415.4，那么就输出"3"，如果单元格 B2 中的数值小于 415.4 而大于等于 375.4，那么就输出"2"，如果单元格 B2 中的数值小于 375.4，那么就输出"1"。

同理，=IF(B2>=456.6,4,*IF(B2>=415.4,3,IF(B2>=375.4,2,1))*)表示，如果单元格 B2 中的数值大于等于 456.6，那么就输出"4"，如果单元格 B2 中的数值小于 456.6 而大于等于 415.4，那么就输出"3"，如果单元格 B2 中的数值小于 415.4 而大于等于 375.4，那么就输出"2"，如果单元格 B2 中的数值小于 375.4，那么就输出"1"。

这么实用又简单的函数，下面让我们一起用起来吧！

（2）在新建 sheet 的"折合总分"变量后面新建一个变量，名称为"分层"，在 C2 单元格中输入"=IF（B2>=456.6,4,IF（B2>=415.4,3,IF（B2>=375.4,2,1)))"，按"Enter"键，如图 7-40 所示。

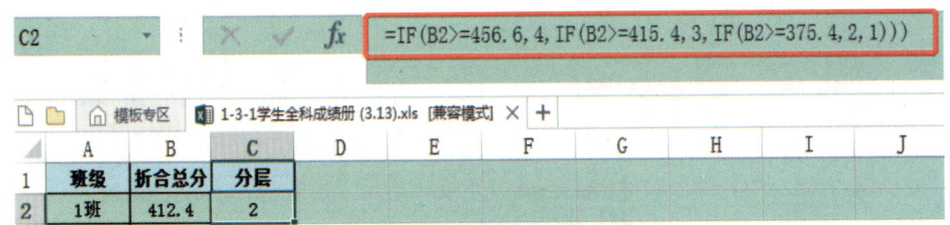

图 7-40 输入 IF 函数界面

选中单元格 C2,鼠标移动到该单元格的右下角,如下图 7-41 ❶ 的位置,这时鼠标变成"+",双击"+",整列全部填充完毕,如图 7-42 所示。

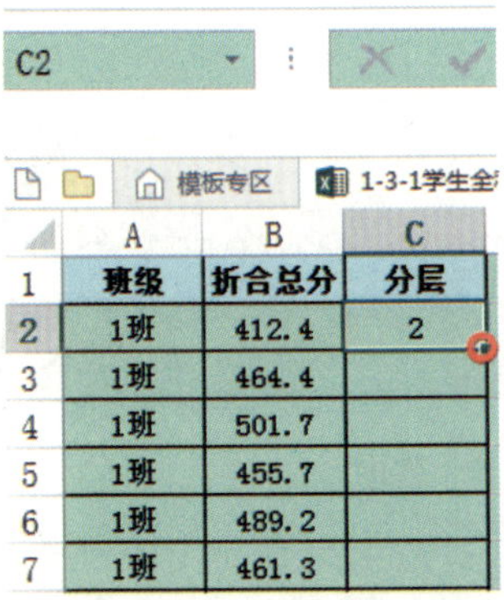

图 7-41 填充柄的位置 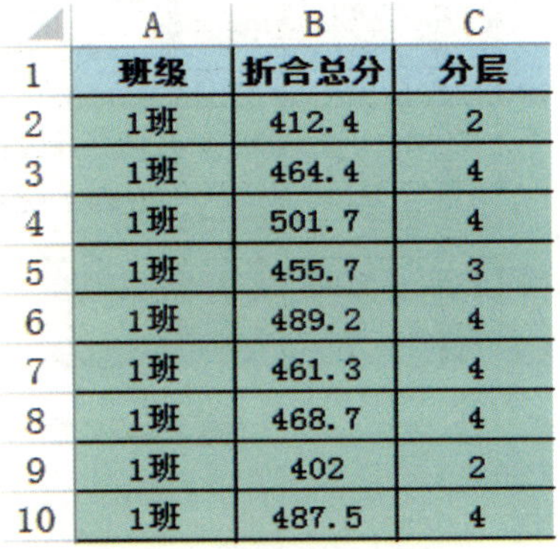　　图 7-42 填充完成示例

2. 统计各班级的各层人数

由于该学校有 10 个班级,如果逐一计算各班各层人数,比较烦琐,因此借助"数据透视表"进行计算。具体步骤如下:

(1)选中表中所有数据,点击菜单栏的"插入",选择"数据透视表",弹出"创建数据透视表"对话框,点击"确定",如图 7-43 所示。

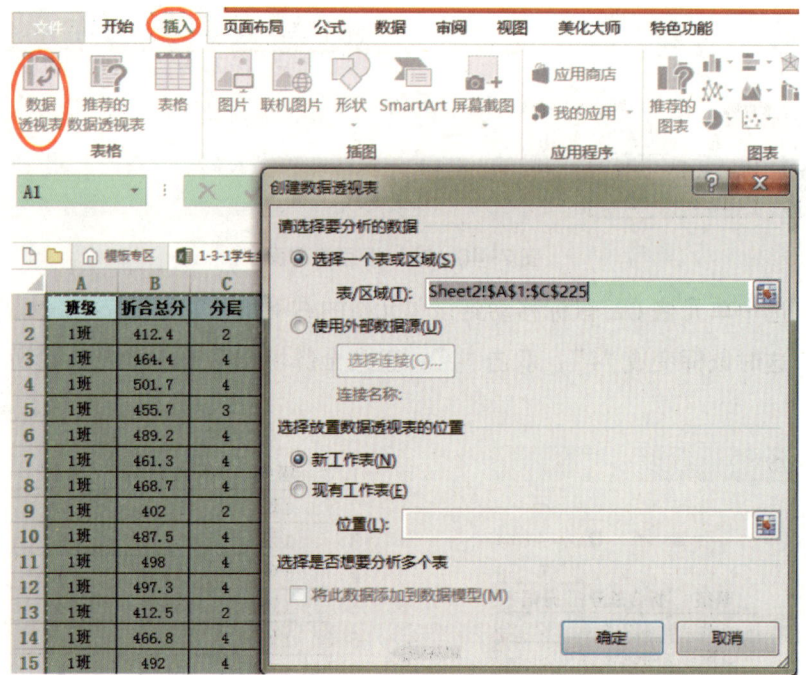

图 7-43 插入"数据透视表"界面

（2）在新生成的数据透视表中，如图 7-44 所示。右侧是"数据透视表字段"边栏，选择要添加到报表的字段：将"班级"字段添加到"行"，将"分层"添加到"值"字段，再次将"折合总分"字段拖动到"值"字段。这时，"值"字段中默认的是"求和项目：折合总分"。

（3）接下来，对"值"字段进行设置，选中"求和项目：折合总分"，点击右边的倒三角，点击"值字段设置"，弹出"值字段设置"对话框，选择"计数"，点击"确定"。

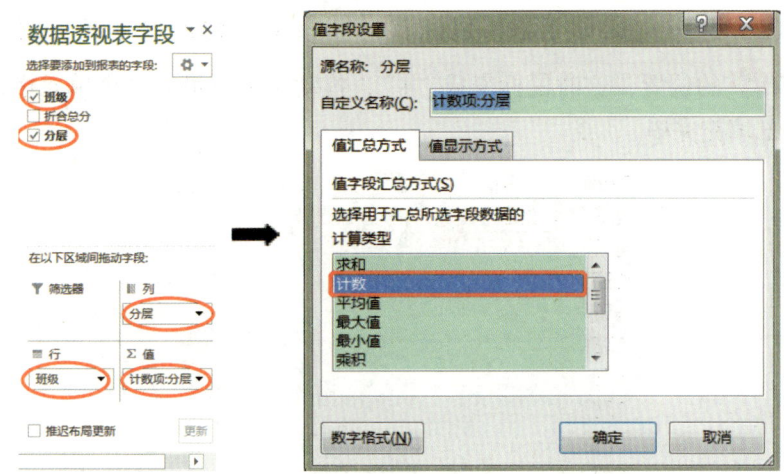

图 7-44 "数据透视表"字段设置界面

(4)整理报表。将报表区域生成的表格进行全选，右键"复制"，在表中的其他区域右键，点击"选择性粘贴——值和数字格式"。粘贴完成后，根据需要修改表中的行标题和列标题，如图 7-45 所示。

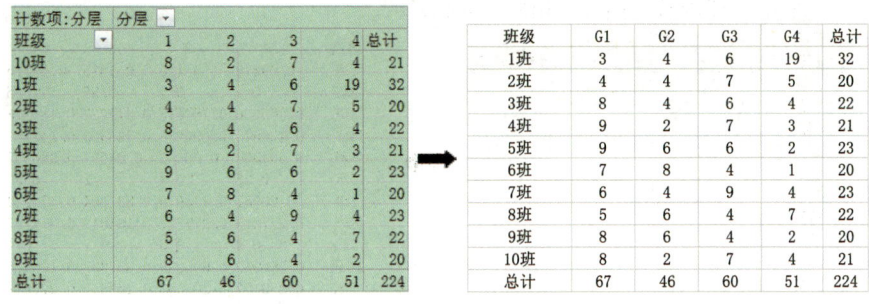

图 7-45 整理后的表格示例

3. 统计各班级的各层人数比例

(1)以 1 班为例，统计 1 班的 G1 层人数比例，在目标单元格中输入公式"=B19/$F19"。B19 代表 1 班的 G1 层人数，$F19 代表 1 班总人数，由于 G1~G4 各层比例的计算都是用各层人数除以 1 班总人数，因此 F 列采用了绝对引用。

（2）选中目标单元格，鼠标移动到该单元格的右下角，如下图7-46 ⊕ 的位置，这时鼠标变成"+"，拖动到本行最后一个单元格，整行全部填充完毕。

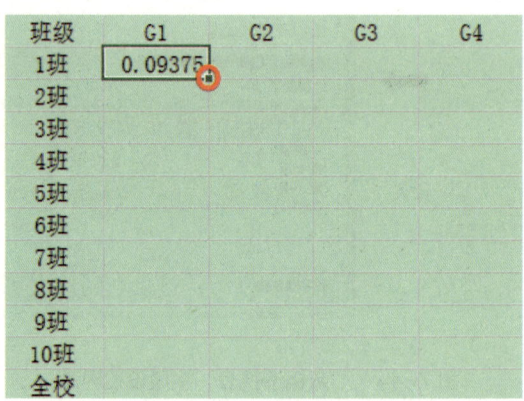

图7-46　"填充柄"示例

（3）选中1班整行单元格，鼠标移动到最后一个单元格的右下角，如下图7-47 ⊕ 的位置，这时鼠标变成"+"，拖动到本表最后一个单元格，整表全部填充完毕，如图7-48所示。

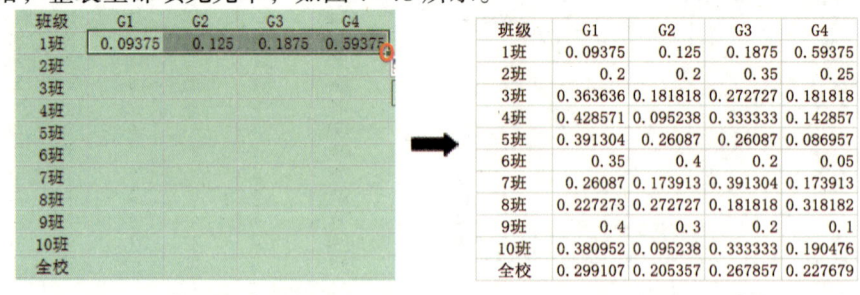

图7-47　"填充柄"示例　　　　　图7-48　"填充完成"示例

（4）整理表格。选中表格中的全部数据，找到菜单栏"开始"的数据格式多选框，点击倒小三角，选择"百分比"，如图7-49，完成后的结果如图7-50所示。

第七章 数据加工

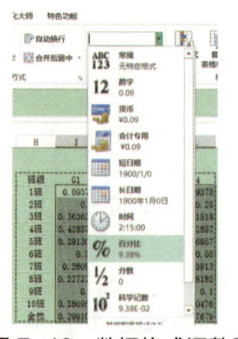

班级	G1	G2	G3	G4
1班	9.38%	12.50%	18.75%	59.38%
2班	20.00%	20.00%	35.00%	25.00%
3班	36.36%	18.18%	27.27%	18.18%
4班	42.86%	9.52%	33.33%	14.29%
5班	39.13%	26.09%	26.09%	8.70%
6班	35.00%	40.00%	20.00%	5.00%
7班	26.09%	17.39%	39.13%	17.39%
8班	22.73%	27.27%	18.18%	31.82%
9班	40.00%	30.00%	20.00%	10.00%
10班	38.10%	9.52%	33.33%	19.05%
全校	29.91%	20.54%	26.79%	22.77%

图 7-49 数据格式调整界面　　　　图 7-50 数据格式调整完成

4.制作各班级各层人数比例分布图

（1）选中表格数据→点击"插入"→选择"条形图"→选择"堆积条形图"，如图 7-51 所示。

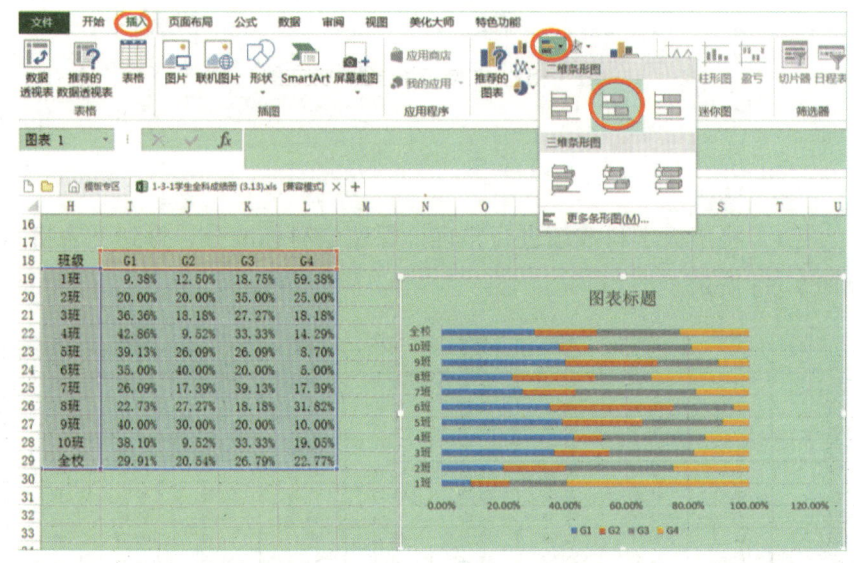

图 7-51 插入"堆积条形图"界面

（2）对图形进行格式微调，修改图表标题为"各班各层人数比例图"，添加"数据标签"，调整横坐标轴的数据格式，得到下图，如图 7-52 所示。

数据·工具·报告

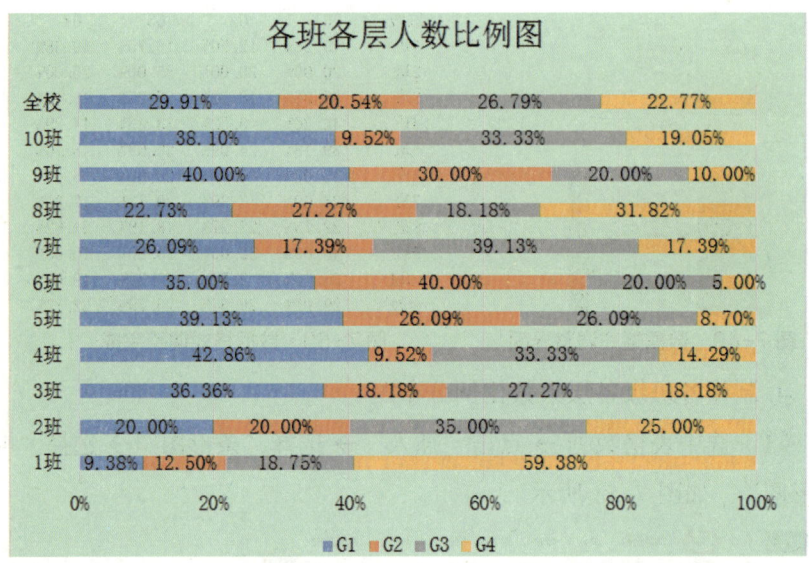

图 7-52 "堆积条形图"完成图

（三）各学科 T 分数对比图制作步骤

（1）将班级学科成绩进行整理，保留学科标准分，得到下表格式，如图 7-53 所示。

	语文	数学	英语	物理	化学	生物	历史	地理	政治
1班	55.58	57.48	59.22	58.31	54.57	55.82	52.45	54.22	38.5
2班	50.58	51.68	50.24	50.39	48.89	49.21	50.37	45.67	46.47
3班	48.95	45.67	49.38	48.68	46.64	47.22	48.53	45.42
4班	47.3	47.1	46.96	48.35	46.65	44.3	55.22	46.24	44.46
5班	45.79	44.14	45.88	44.77	39.61	41.58	53.6	42.97	47.84
6班	44.6	44.8	43.59	43.21	42.68	42.32		42.47	41.36
7班	48.58	49.82	50.86	50.86	49.23	47.39	50.06	48.51	49.57
8班	47.4	49.98	51.02	52.07	52.54	49.53	58.44	47.87	44.85
9班	44.26	48.4	48.03	47.15	49.34	47.16	52.17	45.94	46.23
10班	48.58	48.53	47.67	51.89	46.8	50.17	46.25	46.34	41.83

图 7-53 各班各科目 T 分数表示例

（2）选中表格数据，点击插入，然后再点击折线图，如图 7-54 所示。

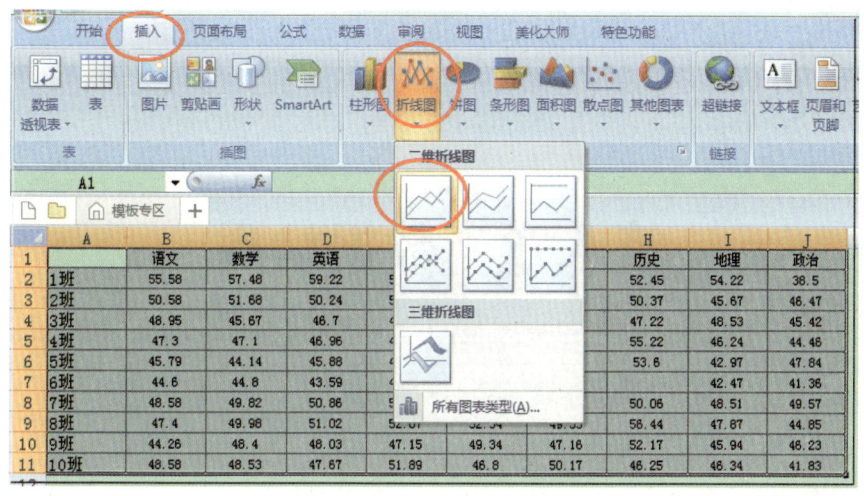

图 7-54 插入"折线图"界面

（3）对各班级各学科 T 分数折线图进行调整，得到以下图形，如图 7-55 所示。

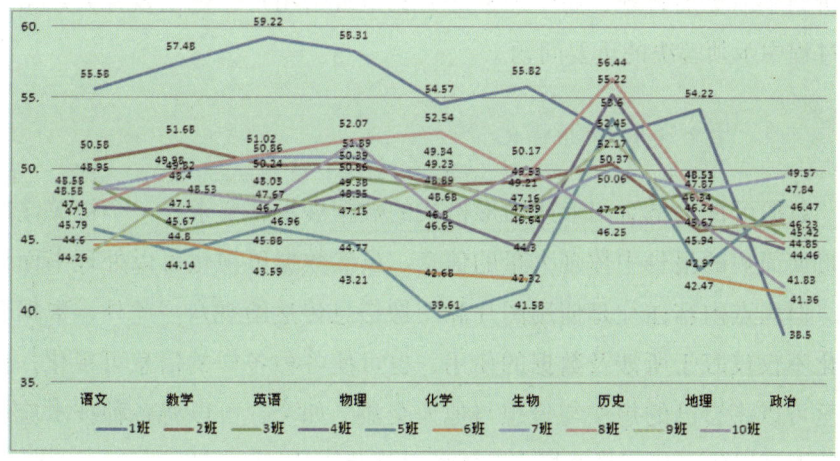

图 7-55 "T 分图"完成图

第八章 数据呈现

一、数据可视化

除了教育数据挖掘与学习分析，如何利用数据可视化技术让复杂的分析结果以更加直观、易于理解的方式呈现给用户，也是教育大数据发展过程中亟须解决的重要问题。

(一) 什么是数据可视化

数据可视化是对图形或图形格式的数据展示，要求在一个被关注的连贯而简短的报告中体现大量的信息。虽然数据可视化可以处理书面信息，但焦点内容往往是使用图片和图像信息传达给观众。此外，数据可视化不仅仅限于所涉及数据的使用，也可使各种各样的信息可视化，你甚至可以将自己的想法与猜想与他人交流。如今，可以将各种技术应用到数据可视化，甚至是选择交互式的可视化方法。

人类已经使用数据可视化技术很长一段时间了，图像和图表已被证明是一种有效的方法来进行新信息的传达与教学。信息的视觉化表达是一种古老的分享创意与体验的方法。也许使用数据可视化的最主要的好处是它能够帮助人们更快地理解数据。你可以在一个图表中突显一个大的数据量,并且人们可以快速地发现关键点。而以书面形式,它可能需要数小时来分析所有的数此外,展示巨量数据的能力是另一个数据可视化的优点。一张图表可能会突显一些不同的事项,人们可以在数据上形成不同的意见。这自然能为商业开辟新的途径,人们或许能从数据中发现一些意想不到的东西。数据的可视化展示,提高了解释信息的能力。从海量的数据和信息中寻找联系并不容易,但是图形和图表可以在几秒内提供信息。

以上所述,能提高在工作场所或教育机构沟通的有效性。数据可视化被普遍认为是一种简单而有效的方法来概括数据,因此它是可以促进人们信息共享和学习的一种方法。

(二) 数据可视化的步骤

数据可视化主要面向大型数据库中的数据,采用平行坐标法、像素法、图形法等直观地表达数据与数据之间的关系,获得数据内在的信息,从而对数据进行更深入的观察和分析。数据可视化主要包含七个步骤,即获取数据、分析数据、过滤数据、挖掘数据、展示数据、对数据进行总结和人机交互等。

数据可视化的对象主要包括教学中文章与资源的内容、学习者在学习过程中产生的行为数据、学习者在学习探究过程中收集的数据以及学习者接收到的知识内容。

可视化技术按一般可视化过程可划分为数据预处理、映射、绘制和显示四步。但随着数据类型的复杂化,该解决方案已无法满足用户的需求。例如,视觉设计中可以把数据映射到一个视觉表上,却很难表述怎么处理成千上万的数据项;数据挖掘有能力解决视觉设计不能完成的工作,但在数据交互方面无能为力;基于软件的信息可视化能够增加和各种形式抽象数据的交互,但这种方法低估了视觉设计中的美学原理,无法将视觉设计作为一种有效的交流方式吸收进来。

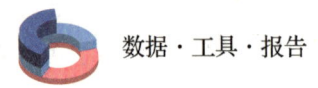
数据·工具·报告

因此，本·弗莱（Ben Fry）根据数据可视化的最新发展与需求，提出了新的可视化流程，整个过程由以下七个步骤组成。

第一，获取。收集数据，无论是数据库的表、文字记录、网络上的源文件，还是录像记录等。

第二，分析。根据数据的意义构造一个结构分类图，并按分类排序。

第三，过滤。删除冗余数据，只保留感兴趣、有价值的数据。

第四，挖掘。应用统计学或数据挖掘方法来辨析数据格式，挖掘其中的规律。

第五，表述。选择一个基本的视觉模型，比如条形图、列表或树状结构图。

第六，修饰。改善基本的表述方法，使其变得更加清晰、视觉化和直观化。

第七，交互。增加方法来操作数据或控制其可见的特性，实现交互选择性。

随着信息技术的发展，数据可视化的详细流程逐渐"黑箱化"。先进的可视化工具将实现从数据获取到图形输出的"一条龙"服务，为更多人提供可视化服务。

二、常用的统计分析图

本节介绍几种常用的统计分析图，包括散点图、线形图、条形图和圆形图等。

（一）散点图

散点图是指用平面直角坐标系上点的散布图形来表示两种事物之间的相关性及联系模式。散点图适合于描述二元变量的观测数据，它在心理学与教育科学研究中有着广泛而重要的应用。

为研究小学生身高与体重之间的关系，研究人员测量了某小学30名

10 周岁女生的身高及体重，并把这 30 对数据描绘在平面直角坐标系上成为 30 个点，其散布图形如图 8-1 所示。根据该散点图，可以从中初步看出 10 岁女生在身高与体重这两个身体特征之间存在着某种相关趋势。

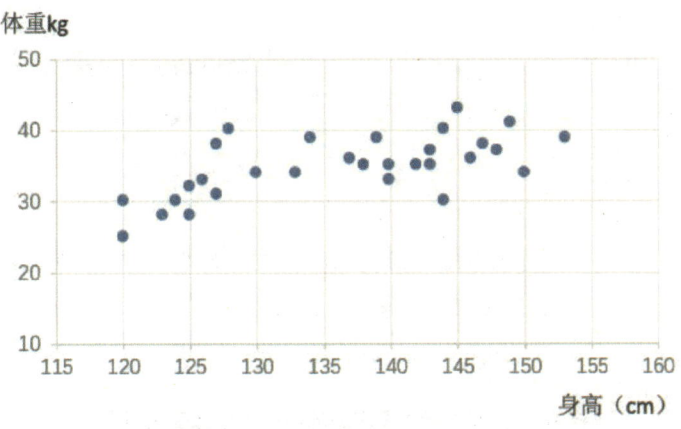

图 8-1　某小学 30 名 10 周岁女生身高体重散点图

通过上述这个例子我们不难理解，散点图对于探究两种事物或两种现象之间的关系起着重要的作用。研究人员可以根据散点图中点群的散布形态，结合自己的专业与统计学知识，推测出两种事物或两种现象之间的相关程度与联系模式，并进一步采用有关统计技术进行定量描述与深化研究。

（二）线形图

线形图是指以起伏的折线来表示某事物的发展变化及演变趋势的统计图，适用于描述某种事物在时间序列上的变化趋势，也适用于描述一种事物随另一事物发展变化的趋势模式，还可适用于比较不同的人物团体在同一心理或教育现象上的变化特征及相互联系。图 8-2 是对某学生多次考试的各学科 T 分数统计，从图中可以看出数学、语文、英语、道法的成绩呈上升的趋势，生物、地理呈现略微下降的趋势，历史成绩虽然有所进步，但是相对其他学科仍旧属于劣势学科。从图中可以帮助教师发现学生需要关注的学科，发现学科优势和劣势，从而提供针对性的指导。

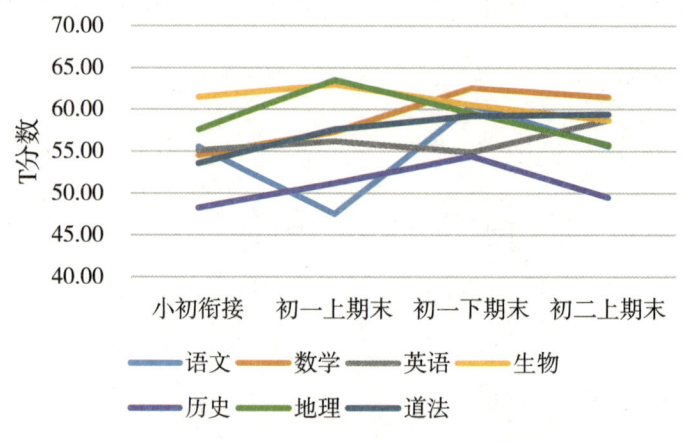

图 8-2 ××学生多次测试学科 T 分数变化情况

（三）条形图

条形图是指用宽度相同的长条来表示各个统计事项之间的数量关系。构成条形图的长条类似于次数直方图中的直方长条。两者的不同之处在于：次数直方图中的直方长条是紧密排列的，适用于刻画连续性变量的观测数据；而条形图通常用于描述离散性变量（如属性变量）的统计事项。因此，条形图在教育基本情况统计中较常用到。下面介绍条形图中的两种：简单条形图和复合条形图。

简单条形图是用同类的直方长条来比较若干统计事项之间数量关系的一种图示方法，它适用于统计事项仅按一种特征进行分类的情况。例如，图 8-3 是针对某校某班 40 名学生语文科目成绩总评情况而绘制的一个简单条形图。

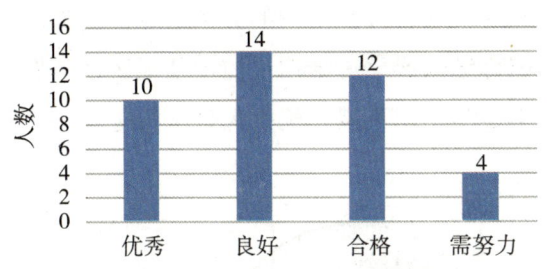

图 8-3 某校某班 40 名学生语文成绩总评情况

复合条形图，一般是用两类或三类不同色调的直方长条来表示多特征分类下的统计事项之间数量关系的一种图示方法。如图 8-4 所示的例子，假如把 40 名学生既按语文科目成绩总评情况来分类，又按性别再次划分的话，这就是一个"双特征分类"的问题。对于这种分类后的统计事项，可以采用复合条形图描述。图 8-4 就是此例的复合条形图。

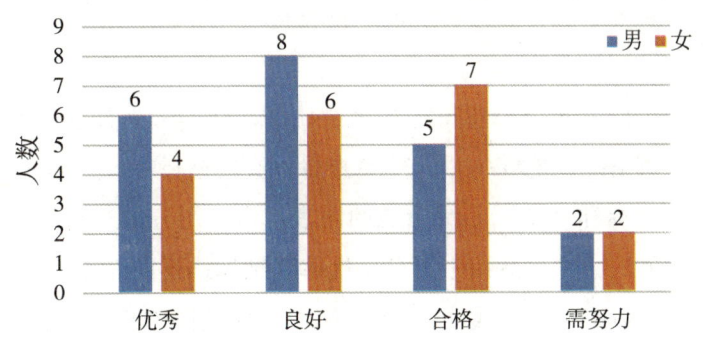

图 8-4 某校某班 40 名学生语文成绩总评情况

（四）圆形图

圆形图是以单位圆内各扇形面积占整个圆形面积的百分比来表示各统计事项在整体中所占相应比例的一种图示方法（图 8-5）。在这里，整个圆代表所研究事物的总体，各扇形用不同的色调加以区别，分别代表对总体事物进行分类后的统计事项；扇形的面积比例大小，完全由某一统计事项在其总体事物中的比例大小而定。因此，圆形图有其独特的功能，特别适用于描述具有百分比结构的分类数据。例如，描述某高校专职教师队伍中的职称结构或学历结构；描述某地区经济发展中的产业结构；描述某地区中小学、幼儿园的校生人数结构等，均可利用圆形图直观表达。

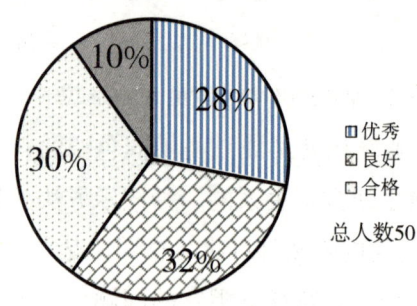

图 8-5　某校某班 50 名学生数学科目成绩总评情况

（五）雷达图

雷达图可以展示分析所得的数字或比率，在同一坐标系内展示多指标的分析比较情况，能够一目了然地查看各类数据指标及数据变化趋势。它是由一组坐标和多个同心圆组成的图表。雷达图分析法是综合评价中常用的一种方法，尤其适用于对多属性体系结构描述的对象作出全局性、整体性评价。适用于多维数据（三维以上）。雷达图能直观地呈现某一个对象多维度的数据，帮助我们了解该对象的能力分布情况，常被应用于能力评分、用户画像等场景。

图 8-6 显示了某年某区域高考语文不同类学校在学科能力结构各维度的得分率，通过雷达图可以直观地看出不同能力维度的得分率，发现全区学生探究能力明显薄弱，得分率偏低，运用能力上得分率较高。不同颜色线条的比较可以看出各类学校在能力维度上的距，如在探究能力上，C 类学校明显低于全区及其他类学校和郊区水平。

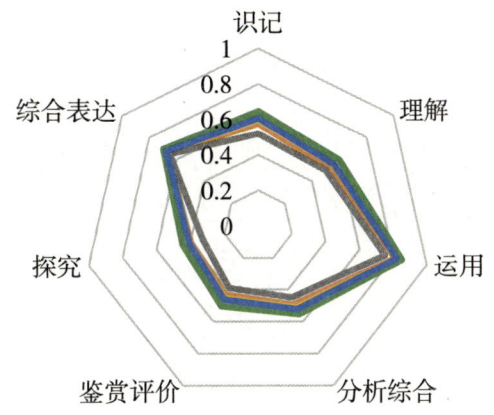

图 8-6 某区不同类型学校语文学科能力得分率情况

第三部分 报告

第九章　区域性试卷分析报告框架与表述

在考试结束之后，对试卷进行分析，不但可以对试卷和考试做出恰当的评价，为试卷编制积累经验，提高教师编制试卷的水平，为修改试题和从题库中遴选试题提供依据，而且有助于充分获得考试提供的教学反馈信息，为改进教学提供依据，为考试讲评准备材料。全面的试卷分析主要包括下列内容。

一、试卷分析报告框架

（一）试卷的结构分析

试卷的结构分析主要包括以下内容。

（1）内容结构分析：比如化学学科，分析化学基本概念、化学原理、元素化合物知识、有机化学知识、化学计算、化学实验等内容所占比例以及每种内容的二级结构。

（2）目标水平结构分析：按照考试大纲所列水平（通常分为知道、理解、应用、综合运用等）种类，分析它们的组成比例并且做内容所占水平双向交叉分析。

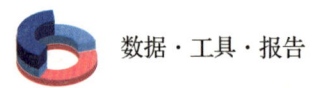

（3）题型结构分：各类题型的比例分析。

（4）分数结构分析：内容—分数和水平—分数的双向交叉分析。

（5）难度和时限结构分析：对难度测验做难度分布描述，对速度测验帮时限分布描述。

（6）试卷特点及横向、纵向比较：对试卷是否符合考试（教学）基本要求，是否能反映学科特点和内在联系，是否符合学生实际水平，是否具有合理性、适宜性以及其他特点做出描述和判断。横向比较可以在学校与学校或地区与地区间进行，纵向比较可以在不同学年间进行。进行结构分析时，分析者要对测验各项目逐一分析和做出判断，因此结构分析带有较强的主观色彩。分析者对项目的判断跟编制、设计项目者不一致的情况经常会发生，尤其对于比较复杂的综合题。为此可以把试卷结构分析结果跟编制试卷的结构设计进行比较。

除了难度结构分析跟答卷情况有关，只有在考试实施之后才能进行外，其他各项分析跟答卷情况无关，在考试实施之前就可以进行，属于试卷的"静态"分析。

（二）答卷情况描述

答卷情况描述主要包括以下内容。

（1）成绩分布情况描述：列出频数分布表或频数分布图。

（2）统计量描述：列出平均分、标准差、优分率、低分率以及某些因素间的相关系数等数据，还可以进一步进行各内容跟其平均得分率、标准差、优分率和低分率的双向交叉分析，各水平层次中其平均得分率、标准差、优分率和低分率的双向交叉分析，以便从中发现问题。

（3）分布形态判断：判断总体分布是正态还是偏态或其他形态。

（4）由样本统计量推测总体参数（总体平均成绩、总体标准差等）。

（三）试题及解答情况分析

（1）题目的内容、水平分析：逐一分析各题的内容、水平和考核意图。

（2）题目的难度、区分度、灵敏度、识别度和题目反应分布。

（四）试卷质量分析

（1）试卷的信度分析和效度分析。

（2）整卷难度分析。

（3）试卷质量评价：就考试目的和试卷内容、结构、形式的合理性、适宜性、有效性和可行性等对试卷做出全面评价。

（五）教学分析和教学建议

从得分、失分情况以及某些部分之间的比较、分析，发现教师、学生以及命题等方面的成功与不足之处，并针对存在问题提出改进意见。

为了使试卷分析全面、可靠和有效地发挥应有作用，试卷分析工作应实行教师分析和学生自我分析结合、"动态"分析和"静态"分析结合、定性分析和定量分析结合，在认真分析的基础上，简明、扼要、有重点地写出试卷分析报告。

二、试卷分析报告表述[①]

（一）试卷分析的意义

考试是一个完整的教学过程中不可缺少的组成部分，是对教和学的质量的检验。考试对教学有巨大的指挥作用。社会对考试有强烈的反响。

---

① 怎样进行试卷分析——郭震伦（北京西城教育研修学院）在 F 区高三一模分析会上的发言报告（根据录音整理，有删减）。

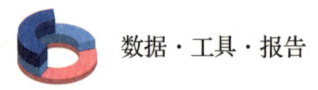
数据·工具·报告

对于考试的结果，有必要进行认真的研究和分析。在试卷分析工作中，要运用考试理论和教学理论，对考试结果进行研究，促进我们对教学过程的反思，进而找到下一步工作的方向，和改进的措施。考试结果可以反馈出大量的信息，可以反映出整个教学过程的得失。例如反映出各个教学环节的一些情况，反映出学生的基础和能力的状况、反映出学生的学习特点和规律。这在命题的时候，就要有多方面的设计。

考试结果可以反映命题和考试本身的一些情况，也就是测量工具、测量方法和测量过程的情况。分析这些信息，能引起我们很多思考，可以形成一些认识，提出一些观点和建议。可以供领导决策时参考，供自己作为制定工作策略的依据，对学校老师和学生提供指导。可见，试卷分析是一件很重要的工作。

另外有一种试卷分析是做试题分析。为了说明检测的结果有效，要对检测工具试题和检测过程做科学的说明。这就是试题分析。实际上每年高考以后，我们都做试题分析。每年高考试题评价会，就是评价试题，分析试题的设计、试题的特色、试题对教学的导向，评判命题的质量。

此外，教育科研中，对测试还有的特殊的要求，要研究测试的设计、测试结果或统计结果的分析，对于有效性的检验等等，单有一套理论和方法。

（二）试卷分析的原则

第一要看对象，有针对性。不说千篇一律形式主义的套话。不同对象例如：教委主任、区长、学校领导来了，要听汇报，这是一种。面向本学科的任课老师，这又是一种。对学生，又是一种。这三种试卷分析，对象不同，内容和各方面的要求就有所不同。

第二是不搞走过场的表面文章。试卷分析的目的是不断地提高我们工作的科学性，有效地指导工作。

第三是要有科学的统计，定性与定量结合。光定性说一些看法、观点，没有数量的分析不行。要有科学统计的数据，定性与定量结合。

第四要深入思考有关的问题，形成观点和见解。不就事论事，不列流水账，不上习题课。不是一道题一道题地讲怎么解题。观点和见解是来自于对一些问题的思考，对考试和试卷演变的轨迹，对学生的情况，教学的规律，都可以做一些研究，得出分析和判断。另外，结合对工作过程的回顾，对工作经验的回顾，对于工作得失的思考，在试卷分析里也可以得出些认识。就像工厂检验一个产品，是合格、是不合格。发现有点什么毛病，就要回想生产过程，可能是哪个环节上出了问题，是机械的问题，是原材料的问题，是工人操作的问题，还是管理的问题。反复思考，目的是想解决问题。

第五是要有理论的指导。所谓理论不外乎考试理论和教学理论。这两方面的理论，都说来话长。要由浅入深、由易到难，要掌握一点这些东西。再做试卷分析的时候，有理论指导，就可以站得高一点，也能更深入一点。如同检验产品质量，工人检验，技术员检验，工程师检验，想法的深度、广度是不一样的。

（三）向领导汇报的试卷分析

给领导听和看的试卷分析，简而言之就是钩玄提要。定性的要有观点，定量的要有数据和结论。不说过程，不说细节，简明扼要，少而精。一般写出来大约三千字，讲起来15到20分钟。你讲得越少，他听得越明白。你讲的越多，他越听不清楚。这个试卷分析包括以下四个部分内容。

第一部分是命题说明。假如是中考、高考、会考，是上级有关部门命题。试卷分析要对它进行概括的评论：这份题怎么样。假如是本区统考，是自己命题，就要简要说明命题的整体考虑。命题说明里头还包括对试题的具体介绍。介绍题型、题量、题目的特色、设计、各种比例关系、题目的台阶、题目的难度。可以简明扼要地提炼出几句话来，说出它的特色。包括对学生能力考查的一些设计，课本题、常见题有怎样的变化。假如自己出题，一模、二模或者统练，命题预计难度是多少，要有说明。而且，这个预期难度要与去年同期进行比较。这份题比去年的这份题是难、是容易、还是差不多。给领导汇报一定得有这个判断。再加上学生情况，他要估计一下今年学生的水平和今年的各项工作数据。命题说明，其实就是几百字，要求把这些事概括地说清楚。

第二部分内容是考试情况。依据的材料，有三方面。一是由招办和中教科打印出来的统计表，这是一个可以依据的材料。第二个可依据的材料是约请一些学校，统计各个题的得分失分的情况。中考、高考以后，都有试卷抽样统计。抽几百份，上千份各个考场不同的卷子，把各个小题目得分、失分的情况分别进行统计，然后归纳汇总出一个详细的得分、失分的表格和各项统计数据。第三个可依据的材料是老师座谈会的反映。老师的反映当然也包括带上来学生的反映，就是考试情况。依据这三方面材料，可以把考试情况，概略地向领导做一个汇报。汇报两个方面，一个是有多少学校参加，总人数，总平均分，及格率的数据，各个不同档次学校分数排队的情况。对领导汇报，不但可以排队，而且应该排队。把同类入学分学校互相比较，哪些学校位置属于领先的，哪些属于落后的；比较原来的基础，哪些升高了，哪些降低了；排队情况哪些正常，哪些不正常。简明扼要几句话指出发现了些什么新的情况。二是和老师对试题的评价。跟命题计划预期的对照，认为这份题的科学性、指导性怎么样。还包括总平均分、总难度（得分率）是多少。是合适，还是偏容易、偏难了。跟咱们预期的一样不一样，出题把握得准不准。这个事应该如实汇报。

第三部分内容是取得成绩的原因和从考试当中发现的问题。问题就是学生掌握的知识和能力方面欠缺的地方。要本着实事求是的态度，不夸大、不缩小。抱着认真研究问题的态度。一五一十，哪几条抓得好，水平比往年有哪些提高；工作有哪些进步，学生有哪些可喜的成绩，取

第九章 区域性试卷分析报告框架与表述

得这样的成绩确实不简单，都如实地汇报；反映出有哪些问题，也俱实相告。进行试卷分析，是个总结工作的好机会，能得出很多认识和体会。

第四部分内容是工作对策，对下一步的教学管理和指导工作的考虑，通过这场考试以后，从这一学科或具体所负责的工作范围里，得出了一些认识。下一段工作打算抓哪几项。这个对策，不要过于具体，过于零碎。第一说指导思想，这次考试当中发现哪个问题得抓。第二抓带有规律性的，应该制度化、形成惯例的东西。学校抓中考、高考，工作都是以学年度为周期的，什么时候该干什么都有惯例。开学该干什么，期中该干什么，期末该干什么，考前、考后该干什么。科学的、行之有效的措施要形成自动化的惯例。每个主持工作的老师也有自己的一套。通过试卷分析能够有新的认识。就是把这一套，不断地筛选，不断地完善，不断地强化，不断地更新提高。工作对策里还应有今年的特色，今年的新认识、新体会、新措施。针对今年情况，我们抓点什么。有点什么新意，有点什么改变、改进，把它指出来。四个方面，钩玄提要，句句都是实的，都是干货，行文一句是一句，不拖泥带水。

（四）对任课老师的试卷分析

第一部分还是试题分析。这个试题分析就比较详细了。有的学科上午考完一模以后，下午就把老师集合起来，讲试题和评分一些要点，就是试题分析。试题分析包括命题时总的一些考虑，试题的整体设计；还包括命题计划，双向细目表。有的老师做试题分析，把双项表有意地发给老师。按我们命题的计划，把试卷分解开来对号入座，列在表里，老师一看就清楚题型、题量、试卷结构、各项比例关系。其中重要的一条是对难题、中等题、容易题要做交代。在题目设计当中，命题人认为哪些题是容易题，哪些题是中等题，哪些题是难题。还有一条要给老师们交代的，是能力考查点。命题对学生能力考查的设计都在哪里。对于中考、高考，我们就要找到在题目当中，尤其是在中低档题当中，能力考

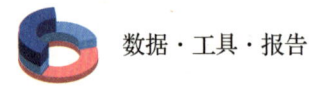
数据·工具·报告

查的设计在什么地方。有要点，有模子，是很具体的考查哪方面的能力。要是自己出的题，那就要给老师做个交代。要讲清在若干题目当中设计的机关。不在于难与不难，而在于考查学生能力的设计意图，在题目上是怎么体现的。例如：某某这道题多给了个已知条件，没用的一个条件。就像连电路，多给了他一根导线，就是个干扰。那个不行的学生，认为这根导线就有用，他非得想办法给它连上不可，结果反倒错了。题目中体现命题的设计思想，得给老师交代一下。

给老师的试题分析，比给领导的那个就详细得多，也深入具体得多但也不是上习题课，列流水账。也不是一道题、一道题地讲怎么解。而是有观点、有见解地讲题目当中的门道。

第二部分也是考试结果。比跟领导汇报的，要增加一些内容，也要减少一些内容。给领导汇报可以涉及外区情况，跟外区进行比较。给老师讲的试卷分析，不应该涉及外区的情况，就讲自己的。不点名公布本区学校的排队情况，总的说叫大家尽力而为。就是拜托、依靠老师们，大家一起努力，共同来完成这个任务。某一些学生成绩低，尤其是高三的，原因诸多。其中一个重要的原因是高一、高二基础没打好，不完全是高三老师的责任。这个事原因挺复杂的。在老师会上点名公布排队情况副作用太大，不能随便这么做。

中考、高考有抽样，对各题的得分、丢分情况，都做详细的统计分析。我们做试卷抽样统计，一个是统计各个小题的得分率（难度系数）。还可以统计一下各个小题的标准差。统计标准差的意思是看一下分化或离散情况。有参加阅卷的老师，在阅卷点也收集了大量的材料。中教科下发一个分数段的统计表，还有一个得分情况统计表。其中的总难度，可以跟预期的对照。区内自己的统考统测，可以印一些统计表，事先约请几个学校统计各题的得分、丢分的情况。

对考试结果的分析，以肯定成绩为主。对成绩好的，对学校排队名次提前的老师表现出来的工作精神和业绩，要充分肯定。向老师汇报要着重于分数的得失，取得的成绩加以肯定。着重肯定从哪些题目上反映出教学的成绩。比如，一些题挺难的，但是，我们得分率挺高，这就是成绩。哪些题目、哪些地方比去年有所进展，应该肯定。

反映出的问题主要是不难的题大量丢分。尤其是要对中档题和低档题丢分的情况和丢分原因进行分析。通过多年对考试结果的分析，可以得出一个总的认识：难题得的分少，不难的题丢的分多。甚至可以比较一下，难题得多少分，不难的题丢多少分。说起来挺有意思。几乎每次试卷分析都不例外。这很能发人深省。着重分析不难的题，丢了多少分、怎么丢的。这是个分析的重点。

（1）试卷的主体是中档题和低档题。无论"3∶5∶2""4∶4∶2"，或者是"6∶2∶2"，反正试卷中，多数题是中低档题。考试的要求主要体现在中低档题当中。试卷中多数题目是考生见过的、做过、能做、会做的。考生肯定有的可写。但是得分不得分，就拉开了距离。

（2）考生的得分，主要是来自中低档题。难题的定义是得分率很低，0.3以下。难题占比例又很少。3∶5∶2，它只占20%分。卷子本身难题不多，难题又得不着分。所以在学生实得分数当中，得自难题的分数极少。可以说90%的分数是得自于不太难的题目。

（3）选拔考试出活题、考能力的特色，主要也体现在中低档题上。考生丢分是有原因的。考生做中低档题也丢分，不难的题也丢分，正是某些方面能力薄弱的表现。一定要弄清中低档题里头到底是怎么考能力的。要准确而迅速地解中低档题需要考生具有多方面的能力。这些能力的培养训练，必然追溯到高一、高二年级的教学工作。高中三年的工作是一个整体，高一、高二的基础是绝对不能忽视的。

（4）考能力和出难题不是一回事。对学生进行能力考查和排序，主要靠中低档题。从考试目的说，选拔和区分的功能，主要是由中低档题来承担的。考试理论和考试的结果，都表明中低档题，常见题的区分功能最好。常见题和不太难的题，就是学生见过、做过、能做、会做的题，

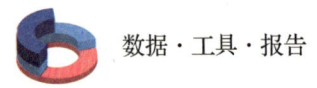

区分度很好。成绩好的学生做得好，成绩差的学生做得差，能够拉开档次。这就强化了一个认识：依据课本，立足于抓基础，不光是求新、求异。这是个重要的看法。然而，中低档题具体怎样考能力，其中设计的问题和训练的途径，就靠我们用试题中具体的模子做出令人信服的说明。这也是试题分析的功夫。

（5）学生总分低，主要是因为中低档题的正确率低，而不是因为有那几道难题。反过来说，高水平的成绩首先来自中低档题的高正确率。无论3∶5∶2，4∶4∶2，6∶2∶2，都是中低档题占主体。中低档题得分率又比难题得分率高。中低档题得分高了，总成绩就上去了。学习优秀的学生也不例外，高水平的成绩是以中低档题的高正确率为基础的。难题仅仅属于锦上添花。难题本身就是很难，得分很少，添花也就是添一点儿。光难题做得好，中低档题净是漏洞、丢分，总成绩也上不去。提高总成绩的主攻方向是提高中低档题的正确率。这是总复习的指导思想。

（6）不同难度题目的区分功能和区分对象是不一样的。为了实现总难度0.55的要求，试卷规定了容易题、中低题、难题3∶5∶2的比例。容易题、中低题、难题考查知识和能力的档次不同，各自有不同的选拔功能和区分的对象。低档题主要对那些差生有达标过关、选拔区分的功能。对高分学生是不在话下，等于垫底的分，没有区分度。中档题几乎对全体考生都有区分度。高难的题目是在高分段有区分度。它的作用是对特高分的考生，准备考清华、北大的600分以上的那些考生，有一定的区分功能。普通考生对高难题目力所不及，都没有什么分，等于没有区分度。

（7）难题不一定是大题。小题也可以设计成要求很高的难题。

（8）难点和热点不一定是重点。高考偶尔出现的那些难点，刺激性挺大。一下子能形成个热点。大家一哄而上，街面上的资料类似题目一下子就都来了。其实那并不是重点，考不考还不一定。也许三年、五年不考，偶尔考，也没有多少分。

（9）通过统计重复考过的题的得分情况，能够帮助我们端正认识，放弃猜题、押题的做法。我们过去就有过这种重复经历。一道特别新鲜的难题，这次考过不会，下次重考还不会。这就是说猜题、押题没用。要是他见过一次，下次就会，那样猜题、押题就有用。事实上，教学有它本身的规律。假如他见过一次就会，教学就好办了。那就不用下那么大功夫研究，费那么大的劲抓工作了。他虽然见过一次，该不会还是不会。他没有那个能力。那是教学本身的规律决定的。培养什么能力也是得有一个过程。你看人家字写得那样漂亮，那是功夫。你没练过。告诉你怎么写，马上来写你还是不行。不是那么简单。解难题也是这样，你见过，不会照样不会。

第三方面是工作的对策。首先强调，复习工作的和应试工作的主攻方向，就是提高中低档题的正确率。会做的题要保证作对。学生真正没见过，完全不会做的题是少数。多数题见过、做过、能做、会做，但是丢分。所以总复习的工作，应试的工作是一个过程，是学生消灭错误的过程，是提高中低档题的正确率的过程，也就是基础和能力全面提高的过程。学生其实知道那些题我会，那些题我都做完了。但是，你问他你做得对不对，对到什么程度，他说不清楚。就得强化提高他做题的把握，正确率。写字也是这样。你会写，还要问你写得对不对，写的好不好。那一笔写得正确不正确，这个他说不上米。就是因为他还没有认真练过字。

适当降低难度，也是一个重要的指导思想。在教学工作当中，起点过高、进度过快、难度过大。师生负担过重，是个普遍性的问题。主张学得少一点、学得浅一点、让他学得好一点。学得少一点、学得浅点，不是降低标准，而是为了学得好点，收到实际的效果。只有学得少一点、学得浅一点，才有可能学得好一点。适度降低难度，还是一个针对"分不等值"的对策。牵涉到教学工作、复习工作的效率和效益。因为试卷

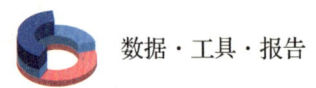

数据·工具·报告

上多数是不难的和不太难的题。既然这些题丢的分挺多,要提高成绩,你只能走这个不太难的题少丢分的路。难题想要多得分,没多大油水,希望不大。主攻方向是提高中低档题的正确率,走不太难的题少丢分的路。因此训练和掌握上,就要适当降低难度,是为了学得更好一点。是用比较少的时间和精力,得到比较高的效率和效益。所谓效率,就是学生的积极学习活动的有效人数和有效时间。这个比例数要加大,效率就提高了。搞得容易点学生能积极参与,你搞得太难学生跟不上,结果课堂效率反而降低了。因为解难题的能力不是每一个学生都能达到的。搞得过难,使很多学生力所不及,反倒受了打击。

三基落实。三基落实是有一大套事,一大套章法。老师们都有一套。应该强调两点:一个是循序渐进,一个是分类指导。这是教学本的规律。要想三基落实,就要按着教学规律和学生认识规律,循序渐进。所谓"循序"是循教学规律和学生认识规律之序。"分类指导"是对不同学生有不同的策略、不同的要求、不同的进度、不同的安排。掌握这两条,没有省事的办法,省事的办法效果肯定不好,它不是能省的事。这个三基落实就不是能省的事。

关于能力培养,是多层次、多方面的,是指导工作的一个大项目。要注意的是,培养思维能力,要先集中后发散,不要发散得太早。集中思维,是统一的要求,是掌握一类问题的共同本质,和规范化解决问题的方法。就是大家必须那么做的,是规矩。这是集中思维。发散思维是多方向、多渠道、多角度考虑问题。我说不要发散得太早,是因为发散得太早会增加学生的困惑,对必须掌握的基本内容是个干扰。你告诉小孩不能撒谎就是不能撒谎,必须强化这个。你不能同时给他讲,在什么情况下可以撒谎。你告诉他许多情况,那不就乱了吗。教育的效果全完了。高考题的特点之一就是让你出错。把高考题过早地下放到高一学生,结果往往事与愿违。

关于如何排除学生的心理障碍和思想障碍,也是个重要的方面。给老师讲的内容里头还有进度、日程、活动安排。另外，不同类型学校，不同类型学生的不同的对策、策略，都给老师做一些交代。

有些初三、高三教研员连续抓了很多年。每年要做好几次试卷分析，想总能分析出新意来就很难，事情大同小异。我用了一个办法，年年请一位老师做高考试卷分析。而且每人只做一次，反而格外认真。他做完了，教研员再做一些补充，就可以了。当然教研员自己也不是不能做。但是，自己一个人毕竟比不上老师们的集体智慧。今年请张老师做，明年请王老师做。你只要交给他，他做得非常认真。

（五）对学生的试卷分析

第一，要照顾到各个学科是否均衡。对各个学科成绩应该有一个总的审视。哪科发挥正常，哪科发挥不正常；哪科是他的强项，哪科是他的弱项。几个学科均衡发展，才有高水平的成绩。

要向学生宣讲本学科的试题说明。不是讲老师设计的那一套。给学生分析，主要是指出，哪些题是容易题，哪些题是中等题，哪些题是难题。哪些题是你这个档次的学生应知应会的。即使你程度差，基础差，也要知道哪些题是你应知应会的，哪些题是你努努力可以争取会的，哪些是对你不要求的。就是给学生把这个层次、台阶摆清楚。

第二，让学生对于自己得分和丢分的情况，进行认真的审查。得分的情况有真会的成分，也有水分。真会的，有根据、有把握确实是自己真实成绩的那个得分才算数。猜和蒙的，写上了也有分，那个不算数，还得补。还得算在查缺补漏的范围里头。丢分的情况，如果是过难的、力所不及的题，可以果断地把它排除。对于每个学生都有对他来说是过难的、力所不及的题。可以果断地放弃，暂时把它放一边。其他丢分情况，（1）查自己的缺漏。查缺补漏说是你应知应会的内容，不难也不是力所不及，但是你忽视了。这应该补上。（2）查你应得的分丢了多少。你觉得见过、做过、能做、会做，反正都写上啦。你查查这里头丢了多少。你做了的题，在卷面上是多少分，你实得多少分。可以算出，在你会做的题当中，丢了多少分，得让学生统计这个事。应得的分丢了多少，这是一个要紧的数据。对每一个同学来说，有不同的数据，通过试卷分析，让他得把这个找着，就是让他想想，还有没有继续得分的因素。就是说按自己的实际情况，努努力还能得多少分。这就找到了自己长分的生长点。同一道题出错，不同的同学有不同的原因。都头疼，不是一样的病。必须把这个病因找到。一道题出了错，要对照解题的各个环节，顺序分解，找到是哪个环节出的错。是审题马虎，问题性质判断错了，还是概念、规律用错了；是运算错了，还是草稿纸上全对了，往答题纸上抄错了。让他找到不同的原因，有针对性的对症下药，采取措施。

第三，每个同学都能找到继续得分的因素，找到自己还可以得更多一点分的感觉。帮助考生找到努力方向，并建立起信心。

对低分学生也是同样的政策。找你应得的分丢了多少。让每个学生考虑在自己的基础上提高十分，怎么个提法。不是下大力气跑上跑下买资料，礼拜天满处找补习班补课，然后再请家长。那照样上不去。就让他自己在这张卷子上，找继续得分的因素。过难的、不会的你别考虑，那不是给你做的。你就研究你能做、会做、应知、应会、应得的，可是你错了，丢了分的。要搞清楚不该丢的分是在哪儿丢的，还要找到原因，找到改进的方向，然后想办法反复强化落实。"小步走、多复现、快反馈、抓落实"就是这个意思。务必让每一个学生找到，自己还可以得更多一点分的感觉。事实证明，通过试卷分析，得30分的，能够找到可以得40分的感觉。得120分的，能够找到可以得130分的感觉。让每个同学通过试卷分析，找到我还可以得更多一点分的感觉。这个试卷分析就比较实惠。

第四，给可以操作的帮助和具体的指导，而不是光在黑板上讲题。要指导制定下一段的整体复习计划。要指导怎么样查缺补漏。要指导系统综合，把知识的横向、纵向联系编织成网络。钩玄提要，能够少而精，

第九章 区域性试卷分析报告框架与表述

掌握要点，把书越读越薄。越学脑子越清楚，而不是越学脑子越胀。还得指导学生怎么记备忘录。学习方法的指导和学习习惯的养成是一码事，需要老师不断地强化。总的指导思想，是立足于让学生正常发挥自己的水平。在自己的基础上提高，而不是从半悬空中去提高。考生之间不要盲目地攀比。不要怪罪指责、也不要吓唬那些低分考生。鼓励每个考生都立足于正常发挥自己的水平，立足于在自己的基础上得到提高。立足于把应该拿到手的分拿到手，不该丢的分不要丢，犯过的错不要一犯再犯。就是实实在在的提高。力所能及的是不该丢的分，过难的题那是该丢的分，这两笔账不能一块算。

对学生的试卷分析当中，还应该有心理指导。这也是对学生进行指导的一个方面。心理指导有很多的方面，是一个热门话题。很多老师在这方面有很好的做法和经验体会。学生能不能集中精力正常发挥自己水平，跟心理因素大有关系。平时练得好，到时候心理上不坚强，也不能正常发挥。相反，有良好的心理品质，可以反败为胜。

学生做试卷分析以后，要有具体的措施。可以对各个知识块，或是不同的专题，加几节复习课。也可以有针对性的补一些类似的题，让学生重新做一些练习，也是查缺补漏。关键是根据需要，讲究实效。

第十章　F区某次高二期末测试分析报告

说明：高二期末是对本阶段学习情况的一次全方位检验和诊断。测查对象为全区9所高中的高二学生。

一、学业水平分析

（一）总体分析

1. 全区考生总分情况分析

本次考试的考查对象为F区9所高中的高二学生。除缺考、借读考生，参与分析的人数为2 488人（表10-1）。

为反映学生的实际水平，采用赋分后总分加和的方式计算总分。

各科试卷满分情况：语文、数学、英语满分均为150分，物理、化学、生物、历史、地理、思想政治六门选考学科，满分均为100分。

表10-1　F区高二学生总分整体分析表

分析人数	满分值	最高分	最低分	平均分	标准差	差异系数	得分率	偏度
2488	750	655.5	199.5	472.09	77.52	16.42	0.63	−0.42

第十章　F区某次高二期末测试分析报告

依据教育测量学的相关理论，对试卷的各项指标进行综合分析，呈近似正态分布，呈略微负偏态，说明本次考试试题难度适中，区分度良好（图10-1）。

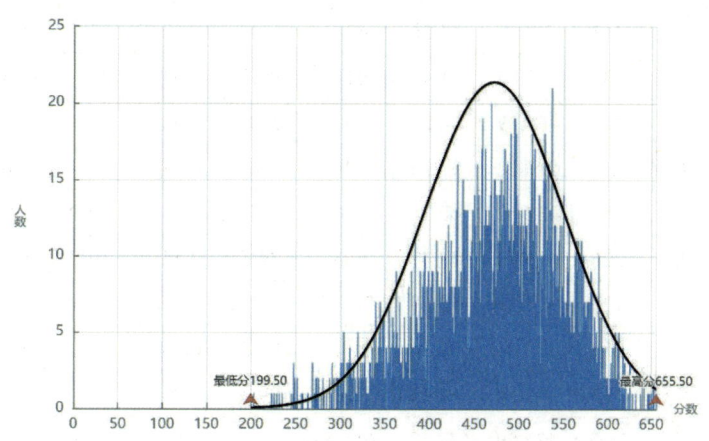

图10-1　学生总分分布曲线图

2.各校考生总分分析

我们将学校分为三组，组1包括A1、A2，组2包括B1、B2、B3，组3包括C1、C2、C3、C4，并分别计算三组学校的各项指标（表10-2）。

（1）各校考生总分情况分析。

表10-2　全区及各校的总分指标统计

学校类型	学校	参考人数	平均分	标准差	最高分	最低分	得分率	优秀率（%）	良好率（%）	合格率（%）
组1	A1	395	557.5	43.87	655.5	380	0.75	3.29	78.99	98.73
	A2	160	513.51	42.3	646	417.5	0.68	0.63	42.5	93.13
	A类校	555	544.82	47.77	655.5	380	0.73	2.52	68.47	97.12

续 表

学校类型	学校	参考人数	平均分	标准差	最高分	最低分	得分率	优秀率（%）	良好率（%）	合格率（%）
组2	B1	417	508.1	44.56	624	324	0.67	0	35.97	90.89
	B2	403	483.84	51.41	621	290.5	0.64	0	22.33	76.43
	B3	361	465.39	50.86	608.5	248	0.61	0	11.63	65.1
	B类校	1181	486.77	51.93	624	248	0.64	0	23.88	78.07
组3	C1	150	432.62	40.16	570	336	0.56	0	2	35.33
	C2	226	416.76	57.47	543	234.5	0.54	0	2.65	30.09
	C3	125	396.33	52.69	524.5	257	0.51	0	0	13.6
	C4	251	353.35	56.24	545.5	199.5	0.44	0	1.2	5.18
	C类校	752	395.36	61.93	570	199.5	0.5	0	1.6	20.08
	全区	2488	472.09	77.52	655.5	199.5	0.63	0.56	27.09	64.79

（2）下表呈现了各高中校成绩的平均分和差异系数（表10-3）。

表10-3　F区各高中校成绩的平均分和差异系数

学校名称	差异系数（%）	平均分
A1	7.87	557.5
A2	8.24	513.51
B1	8.77	508.1
B2	10.62	483.84
B3	10.93	465.39
C1	9.28	432.62
C2	13.79	416.76
C3	13.29	396.33
C4	15.92	353.35

平均分和差异系数图反映的是各学校学生成绩的集中程度。差异系数是一组数据的标准差与其均值的百分比，是测算数据离散程度的相对

指标。图中的每个小圆圈代表了参加本次考试学校所处的位置，横坐标是本次测试学校学生总体成绩的差异系数，越往右，学生成绩的差异性越大；纵坐标是学校学生总体成绩的平均分，越往上，该校总体平均成绩越高。中间红色标准线为区域总体成绩的平均分和差异系数，可见9所高中校分别落在四个象限，如图10-2所示，学校分类如表10-4所示。

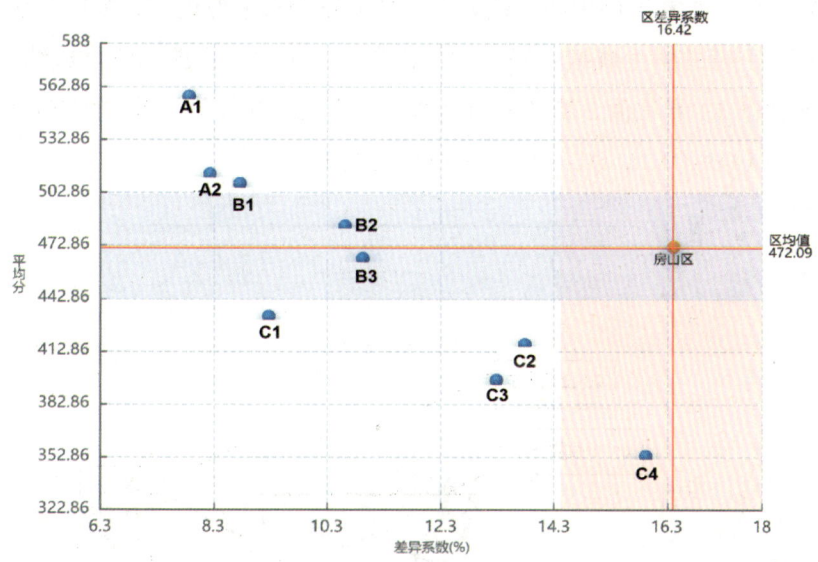

图 10-2　高二期末各校成绩平均分和差异系数图

表10-4　学校分类

象限	象限描述	学校
第一象限	总体成绩良好，但学生成绩的差异性较大	
第二象限	总体成绩良好，且学生成绩的差异性较小	A1、A2、B1、B2
第三象限	总体成绩较低，且学生成绩的差异性较小	B3、C1、C2、C3、C4
第四象限	总体成绩偏低，且学生成绩的差异性较大	

（3）箱线图是用一组数据中的最小值、第一四分位数（下四分位数）、中位数、第三四分位数（上四分位数）和最大值来反映数据分布的

中心位置和散布范围（图10-3）。通过将多组数据的箱线图画在同一坐标上，可以清晰地显示各组数据的分布差异，为发现问题、改进教学提供线索。在实际使用时，我们可以重点关注三项指标：（1）箱子的宽度，即Q3-Q1，它在一定程度上反映了数据的波动程度。箱体越扁说明数据越集中，同样上下边界之间的端线越短也说明数据集中；（2）中位数的位置，中位数在箱体中间，代表学生的成绩分布近似正态，中位数靠上，表示中上游的学生成绩较好，中位数靠下，表示中上游的学生成绩相对不理想；（3）异常值，箱体上边界和下边界之外的数值，鉴别标准是区间Q3+1.5（Q3-Q1），Q1-1.5（Q3-Q1）之外的值。

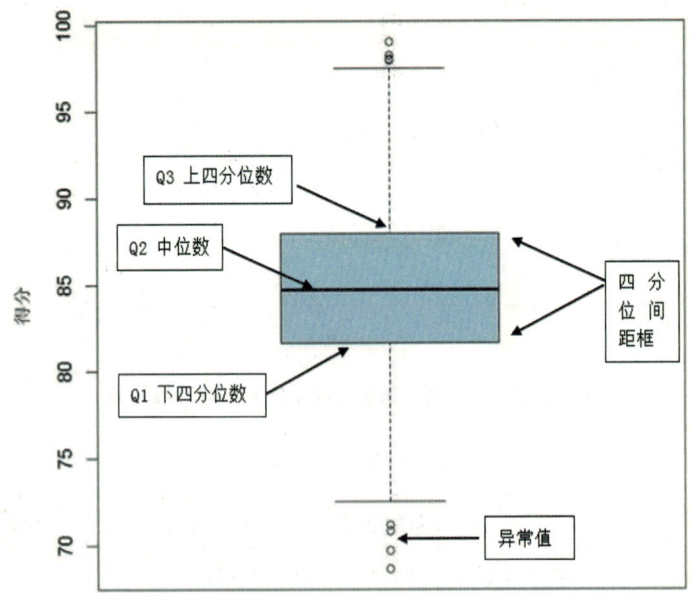

图10-3 箱线图示意

从图10-4可以看出，组1中，A1在各四分位上的成绩均表现出明显的优势，但有一定量的低分异常值；A2存在一个高分异常值。组2中，B1在各四分位上的成绩均表现出明显的优势，三所学校均存在一定的低分异常值（图10-5）。组3中，C1整体学生的成绩比较集中，在各四分位上的成绩表现出一定的优势，C4整体学生的成绩比较分散（图10-6）。

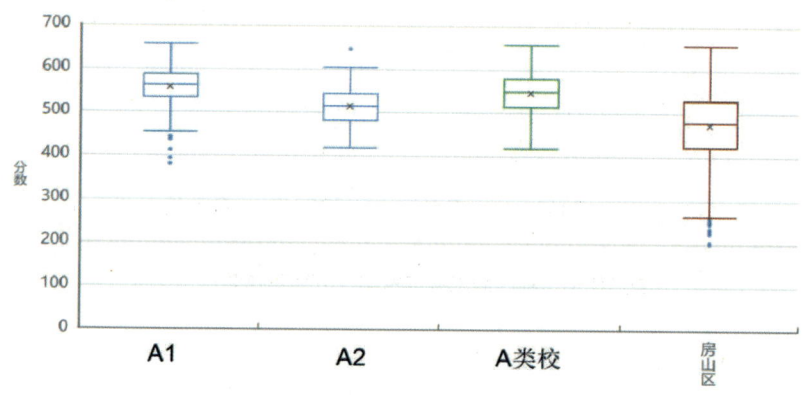

图 10-4　高二期末考试各学校成绩箱线图

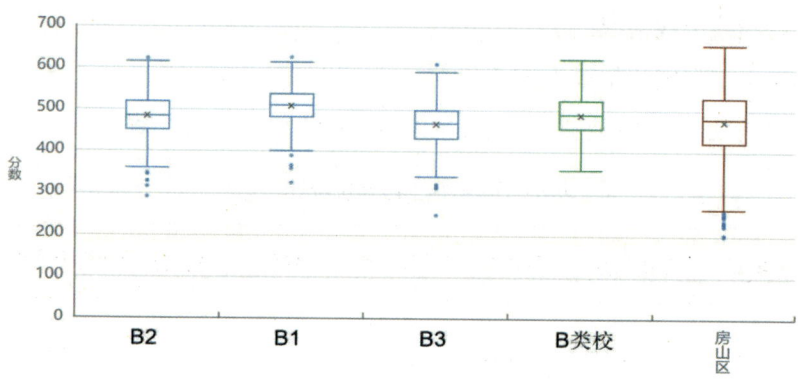

图 10-5　高二期末考试各学校成绩箱线图

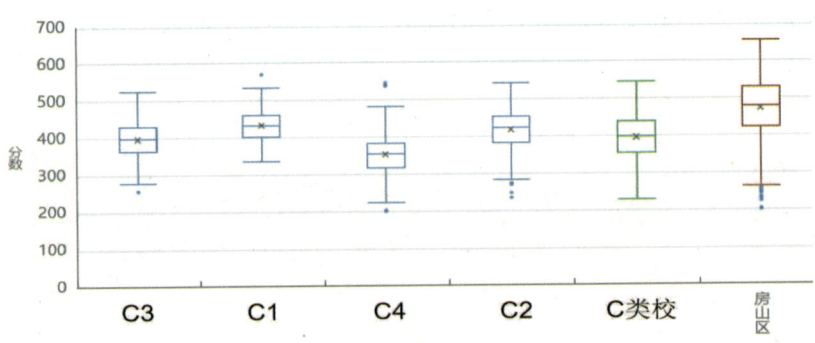

图 10-6　高二期末考试各学校成绩箱线图

（二）分层分布分析

该部分采用赋分后总分加和的方式计算总分。

1. 特招线上线情况

本次考试划定特招线为 525 分。

下表是全区各校的特招上线考生的各项指标情况统计（表 10-5）。

表10-5　特招上线情况统计

学校类型	学校	上线人数	平均分	标准差	最高分	最低分	特招上线率
组1	A1	312	574.40	29.51	655.5	525.5	78.99%
	A2	68	553.19	23.52	646	525	42.50%
	A类校	380	570.60	29.66	655.5	525	68.47%
组2	B1	150	553.20	22.19	624	525	35.97%
	B2	90	551.36	20.67	621	525	22.33%
	B3	42	546.10	18.59	608.5	525	11.63%
	B类校	282	551.55	21.35	624	525	23.88%
组3	C1	3	545.50	17.33	570	533	2.00%
	C2	6	532.75	4.86	543	528	2.65%
	C3	--	--	--	--	--	0.00%
	C4	3	540.50	3.74	545.5	536.5	1.20%
	C类校	12	537.88	10.94	570	528	1.60%
	全区	674	562.05	28.05	655.5	525	27.09%

2. 本科线上线情况

文化本参考线为450分。

下表是全区各校的本科上线考生的各项指标情况统计（表10-6）。

表10-6 本科上线情况统计

学校类型	学校	上线人数	平均分	标准差	最高分	最低分	本科上线率
组1	A1	390	559.36	40.85	655.5	453	98.73%
	A2	149	519.39	37.61	646	453	93.13%
	A类校	539	548.31	43.80	655.5	453	97.12%
组2	B1	379	516.57	36.39	624	450	90.89%
	B2	308	504.68	36.35	621	450	76.43%
	B3	235	494.43	31.62	608.5	450	65.10%
	B类校	922	506.96	36.34	624	450	78.07%
组3	C1	53	474.84	23.20	570	450	35.33%
	C2	68	480.35	25.14	543	450	30.09%
	C3	17	479.32	19.86	524.5	450	13.60%
	C4	13	479.96	34.78	545.5	450	5.18%
	C类校	151	478.26	25.07	570	450	20.08%
全区		1612	518.10	44.50	655.5	450	64.79%

3. 尖端生情况分析

表10-7是全区各校的600分以上考生的各项指标情况统计。

表10-7 尖端生情况统计

学校类型	学校	上线人数	平均分	标准差	最高分	最低分	尖端生上线率
组1	A1	61	619.77	15.81	655.5	600	15.44%
	A2	2	624.75	21.25	646	603.5	1.25%
	A类校	63	619.93	16.04	655.5	600	11.35%
组2	B1	7	609.43	7.26	624	600	1.68%
	B2	3	615.33	4.19	621	611	0.74%
	B3	1	608.50	0.00	608.5	608.5	0.28%
	B类校	11	610.95	6.75	624	600	0.93%

续 表

学校类型	学校	上线人数	平均分	标准差	最高分	最低分	尖端生上线率
组3	C1	--	--	--	--	--	--
	C2	--	--	--	--	--	--
	C3	--	--	--	--	--	--
	C4	--	--	--	--	--	--
	C类校	--	--	--	--	--	--
全区		74	618.59	15.36	655.5	600	2.97%

（三）学科分析

1. 平均分

为反映学校的学科水平，诊断各高中学校的校薄弱学科，本部分采用各学科原始分分析。

下表展示了各学校各学科的平均分和差异系数。标绿的为学校的学科平均分高于所在群组的均分（表10-8、10-9）。

表10-8　各校各学科平均分统计表

学校名称	语文		数学		英语		物理		化学	
	平均分	差异系数（%）	平均分	差异系数（%）	平均分	差异系数（%）	平均分	差异系数（%）	平均分	差异系数（%）
A1	98.78	10.08	113.52	13.84	116.15	11.65	87.79	11.03	74.26	19.95
A2	94.39	9.34	101.56	17.67	111.03	12.52	76.23	17.92	55.04	26.81
A类校	97.52	10.09	110.07	15.68	114.68	12.06	85.17	13.81	70.02	24.01
B1	94.69	10.5	98.23	18.84	106.76	12.73	70.16	21.06	59.2	26.84
B2	91.73	10.76	95.09	22.11	98.06	18.23	70.12	23.23	59.83	30.45
B3	89.67	12.19	93.14	21.47	90.15	21.91	58.19	32.62	51.18	34.64
B类校	92.13	11.34	95.59	20.88	98.73	18.65	65.13	27.58	57.25	30.65
C1	86.82	10.46	83.52	22.8	85.92	20.97	48.49	39.49	41.49	39.39

续 表

学校名称	语文		数学		英语		物理		化学	
	平均分	差异系数（%）	平均分	差异系数（%）	平均分	差异系数（%）	平均分	差异系数（%）	平均分	差异系数（%）
C2	84.8	12.11	71.74	36.34	80.06	22.11	51.49	32.84	38.83	45.8
C3	77.76	13.24	76.23	34.42	75.04	26.27	38.58	34.29	28.89	39.32
C4	73.92	20.36	52.45	42.19	65.98	30.86	40.56	46.02	32.14	47.37
C类校	80.25	16.39	67.99	38.9	75.47	27.22	45.5	40.28	35.4	46.28
全区	89.67	14.53	90.3	29.73	95.1	24.46	68.53	31.27	54.84	38.65

表10-9 各校各学科平均分统计表

学校名称	生物		历史		地理		政治	
	平均分	差异系数（%）	平均分	差异系数（%）	平均分	差异系数（%）	平均分	差异系数（%）
A1	70.14	10.24	78.82	8.91	72.49	10.06	74.82	10.43
A2	59.49	14.14	74.45	9.54	66.1	10.71	72.25	12.52
A类校	66.65	13.66	77.27	9.52	70.55	11.06	73.9	11.31
B1	63.23	12.36	73.15	10.58	69.41	10.91	70.44	11.69
B2	60.79	13.69	70.1	11.97	60.41	15.42	65.83	14.47
B3	59.89	14.65	69.11	11.72	63.51	14.09	64.19	13.84
B类校	61.26	13.8	70.93	11.65	64.25	14.77	66.78	13.93
C1	52.93	14.97	59.58	15.28	54.04	13.4	63.32	10.64
C2	47.08	24.71	59.18	17.02	55.48	18.94	67.03	17.08
C3	45.46	21.97	57.08	16.84	56.01	17.41	51.97	20.84
C4	39.02	35.13	54.15	21.3	46.04	23.65	50.22	19.08
C类校	46.73	25.59	57.01	18.65	52.19	21.03	58.6	21.35
全区	58.97	20.36	66.63	18.19	61.49	19.45	64.85	18.2

2. 学科T分数

各学科的原始分数之间不能直接比较,为了对每个学校的不同学科进行比较,我们采用标准分这一指标。标准分是将学生原始分数与全区平均分之差除以标准差所得的商数,其意义在于能客观地比较不同学生不同学科的总成绩及其优劣。标准分的计算公式:Z=(原始分–平均分)/标准差,一般取值范围为(-3,+3),为了便于观察,我们将其转化为T分,T=10*Z+50 ∈(20,80)(表10-10)。

表10-10 各学校各学科T分数

学校名称	语文	数学	英语	物理	化学	生物	历史	地理	政治
A1	57	58.65	59.05	58.99	59.16	59.31	60.06	59.2	58.45
A2	53.62	54.19	56.85	53.6	50.1	50.44	56.45	53.86	56.26
B1	53.85	52.95	55.01	50.76	52.06	53.55	55.38	56.63	54.74
B2	51.58	51.78	51.27	50.74	52.35	51.51	52.87	49.1	50.83
B3	50	51.06	47.87	45.18	48.27	50.76	52.05	51.69	49.44
C1	47.81	47.47	46.05	40.65	43.7	44.97	44.18	43.78	48.7
C2	46.26	43.09	43.53	42.05	42.45	40.09	43.85	44.98	51.84
C3	40.86	44.76	41.37	36.03	37.76	38.74	42.12	45.42	39.08
C4	37.91	35.9	37.48	36.95	39.29	33.38	39.7	37.08	37.6

(四)班级分析

班级两次考试学科T分数比较(表10-11)。

表10-11　班级两次考试语数外学科T分数比较

学校	班级	语文T分数			数学T分数			英语T分数		
		高二上期末	高二下期末	差值	高二上期末	高二下期末	差值	高二上期末	高二下期末	差值
A2	1班	53.837	54.840	1.003	55.557	55.670	0.114	57.859	58.142	0.284
	2班	53.399	52.446	−0.953	54.651	52.845	−1.806	56.410	56.792	0.382
	3班	51.090	52.770	1.681	54.118	52.945	−1.173	55.539	55.485	−0.054
	4班	51.021	53.613	2.592	55.213	53.835	−1.379	56.396	56.261	−0.135
B3	1班	46.870	45.465	−1.405	55.670	52.676	−2.994	42.540	43.689	1.149
	2班	55.716	52.683	−3.033	53.681	50.063	−3.618	45.437	46.636	1.199
	3班	51.549	51.462	−0.087	55.789	54.194	−1.595	47.477	46.386	−1.090
	4班	48.675	49.754	1.079	51.275	49.984	−1.291	45.062	44.524	−0.538
	5班	55.217	55.975	0.758	50.711	49.108	−1.603	48.986	48.343	−0.643
	6班	53.732	52.747	−0.985	49.784	46.736	−3.048	44.513	45.110	0.597
	7班	49.854	48.790	−1.064	52.807	53.018	0.211	49.177	50.081	0.903
	8班	50.684	50.402	−0.282	51.478	51.238	−0.240	49.861	47.548	−2.313
	9班	42.766	43.291	0.524	55.085	51.326	−3.759	48.455	52.969	4.515
	10班	47.231	50.233	3.002	54.597	51.492	−3.105	51.674	53.190	1.516
C3	1班	42.172	38.801	−3.371	44.280	47.213	2.933	39.464	38.850	−0.613
	2班	42.250	42.192	−0.058	46.595	49.568	2.973	39.077	39.344	0.267
	3班	40.865	40.414	−0.451	37.751	40.048	2.297	42.181	42.520	0.339
	4班	44.877	41.843	−3.035	39.652	42.145	2.493	42.272	44.595	2.323

（五）个体分析

图10-7展现了A2校李同学历次考试各学科T分数变化情况，可以看出学科的优劣及进退步情况。政治属于优势学科，成绩比较稳定，语文、英语本次期末考试具有较大的进步，数学相对属于劣势学科，但是后两次考试有明显的提升。历史和地理成绩在一定范围波动。

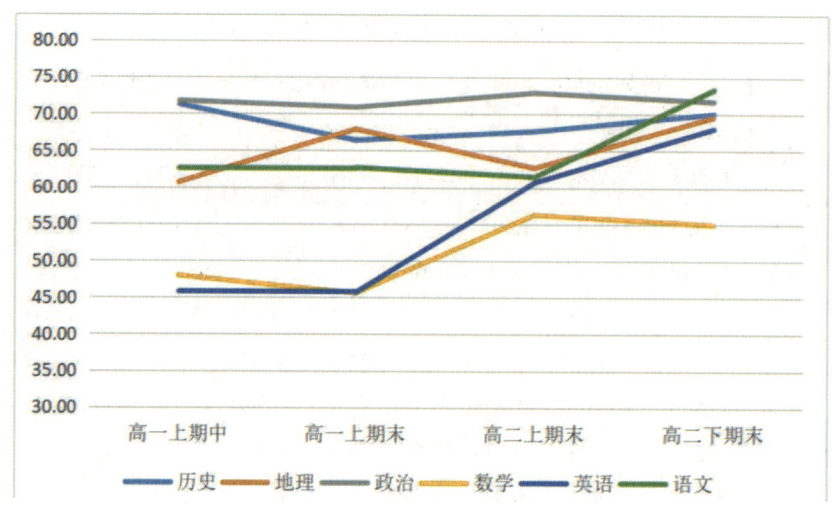

图 10-7　A2 校李同学历次考试各学科 T 分数变化

图 10-8 展现了 B1 校吴同学历次考试各学科 T 分数变化情况，可以看出语文学科波动较大，整体具有一定提升，数学在前期具有优势，后两次考试有退步趋势，物理成绩比较稳定，地理成绩一直提升，英语成绩也在波动中具有提升。

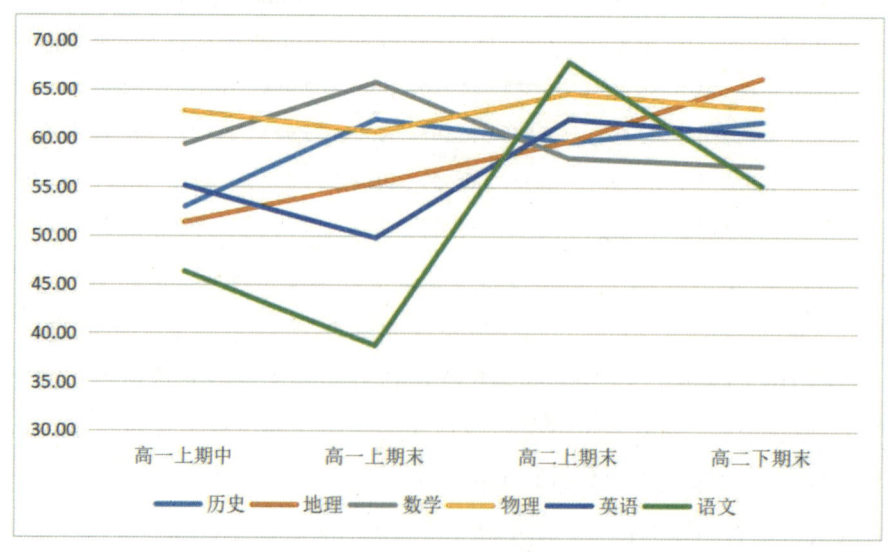

图 10-8　B1 校吴同学历次考试各学科 T 分数变化

图 10-9 展现了 B2 校燕同学历次考试各学科 T 分数变化情况，可以看出此同学大部分学科成绩都处于稳定状态。语文学科具有一定退步的趋势，英语学科后两次成绩进步明显，化学学科后两次成绩有退步的趋势，地理和数学变化趋势一致，有一定的波动。政治学科在高二上学期期末表现突出，其余考试基本稳定。

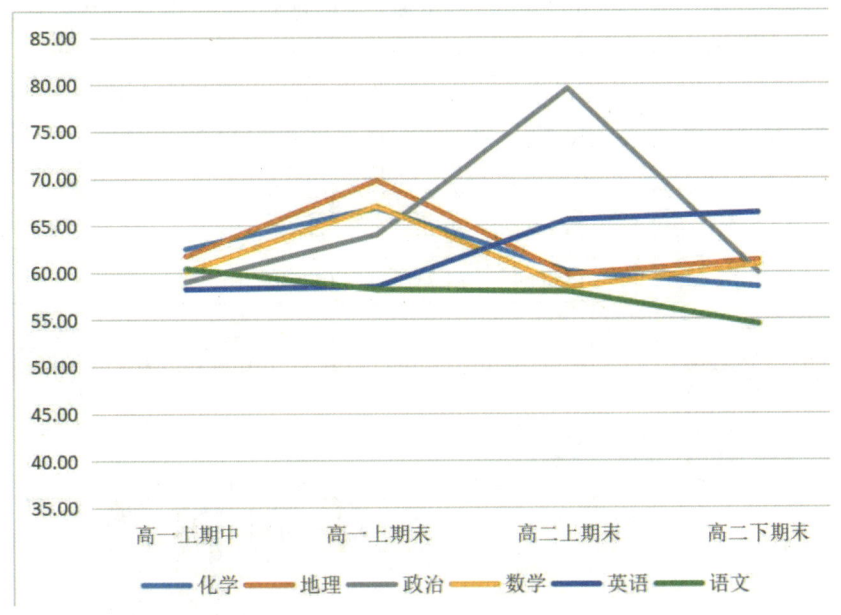

图 10-9　B2 校燕同学历次考试各学科 T 分数变化

（六）成绩变化分析

不同考试的总成绩不能直接比较，为了对两次考试的成绩变化进行说明，我们采用标准分这一指标。表 10-12 展示了本次高二下学期期末考试和高二上学期期末考试成绩变化情况的比较，将各校的总分标准分与区平均进行比较，差值大于 0 则在区平均水平之上，分析两次考试的成绩变化，高二下学期期末取得考试进步的学校用绿色表示，退步的学校用红色表示。将数据转化为图可以直观看到变化情况（图 10-10）。

表10-12 两次考试变化分析

学校	高二上学期期末		高二下学期期末		两次考试进退步情况
	标准分	区平均差值	标准分	区平均差值	
A1	60.9382	10.9382	61.1705	11.1705	0.2323
A2	55.8539	5.8539	55.2638	5.2638	−0.5901
B1	55.2204	5.2204	54.4009	4.4009	−0.8195
B2	51.3599	1.3599	51.5280	1.5280	0.1681
B3	49.8819	−0.1181	49.0943	−0.9057	−0.7876
C1	43.3843	−6.6157	44.9481	−5.0519	1.5638
C2	41.7696	−8.2304	42.9750	−7.0250	1.2054
C3	39.5039	−10.4961	40.3943	−9.6057	0.8904
C4	34.3971	−15.6029	34.7315	−15.2685	0.3344

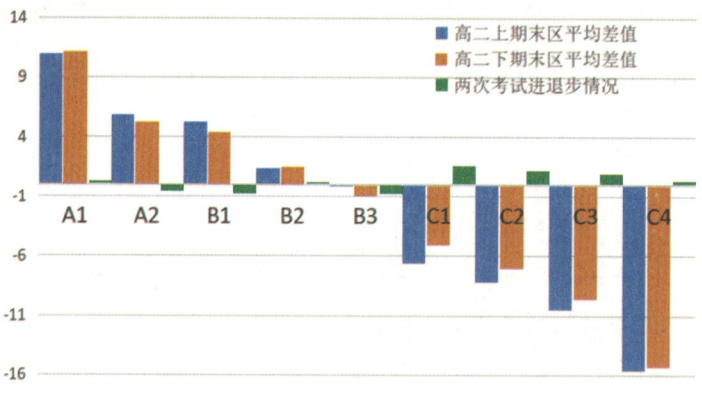

图10-10 高二学生两次考试进退步情况

二、试卷质量分析

试卷质量分析主要从试题的难度、区分度和试卷的信度三个指标进行分析。

难度系数P在0和1之间，是指能够正确解答试题的人数和参加考试的总人数之比，即试题的通过率或答对率。试题难度系数与试题试卷难易程度正好相反，难度系数越高，题目越简单。一般认为，单题的难度系数在 0.2~0.8 之间为适中，低于 0.2 说明试题太难，高于 0.8 说明试题太易，通常情况下，整套试卷难度系数配置比重达到 7∶2∶1 或 6∶3∶1 比较符合义务教育阶段学校的测试习惯或测试的要求；如果 P 大于 0.8 与 P 小于 0.2 的试题各占 10%，P 在 0.2 与 0.4 之间与 0.6 与 0.8 之间各占 20%，P 在 0.4 与 0.6 之间的中等难度的试题占 60%，则整套试卷平均难度在 0.4—0.6 之间，该试卷整体难度符合选拔性考试。因此，命题时要根据考试目的具体情况具体分析。

区分度是指该试题区分考生能力的程度，它基于这样一个假设：能力高的考生比能力低的考生更有可能正确回答试题。区分度的取值在 −1~1 之间，区分度指数越高，试题的区分度就越好。一般认为，区分度指数在 0.4 以上表明此题区分度很好，0.3~0.39 之间表明此题的区分度较好，0.2~0.29 之间表明此题的区分度不太好，需要修改，0.19 以下表明此题的区分度不好，应该淘汰。如果区分度为负数，则要考虑该题是否出现错误。一个测验用于选拔，其区分度应该高一些；如果一个测验只是用于考查学生的掌握情况，可不考虑区分度，即使区分度为 0，只要该项内容是重要的，今后仍可继续使用。

信度是指试卷的稳定性和可靠性程度。本次分析采用分半信度法，信度的取值为 0~1，信度的值越大表示测验的可靠性越高。一般认为，合理的试卷信度应大于 0.7。

表10-13　各学科试题的信度、难度、区分度

学科	语文	数学	英语	物理	化学	生物	历史	地理	政治
信度值	0.77	0.87	0.92	0.93	0.93	0.83	0.81	0.85	0.78
难度	0.60	0.60	0.63	0.69	0.55	0.59	0.67	0.61	0.65
区分度	0.30	0.50	0.46	0.58	0.59	0.36	0.38	0.37	0.34

通过分析可知，各个学科信度系数基本均在 0.70 以上，表示试卷具有较高的可靠性与测量一致性。整体难度适中，具有较好的区分度。

第十一章　F区某次九年级诊断性评价分析报告

说明：九年级诊断性评价是对中考备考情况的一次全方位检验和诊断，考查对象为全区38所初中的九年级考生。

一、学业水平分析

（一）总分分析

1. 全区考生总分情况分析

各科试卷满分情况：语文、数学、英语三科满分均为100分；物理、化学、历史、道德与法治四科满分均为70分。为反映学生的实际水平，采用原始分加和的方式计算总分。本次考试的全区考生总分情况如表11-1所示。

表11-1　F区九年级学生总分整体分析表

参考人数	满分值	最高分	最低分	平均分	标准差	得分率（%）	偏度
5327	580	566	41.5	448.94	86.07	77.40	-1.53

注：本数据已去除借读生、往届生、缺考生以及单科成绩为0的学生。

依据教育测量学的相关理论,对试卷的各项指标进行综合分析,学生的成绩总体上成负偏态分布,试题整体难度较低,学生整体得分率较高(图 11-1)。

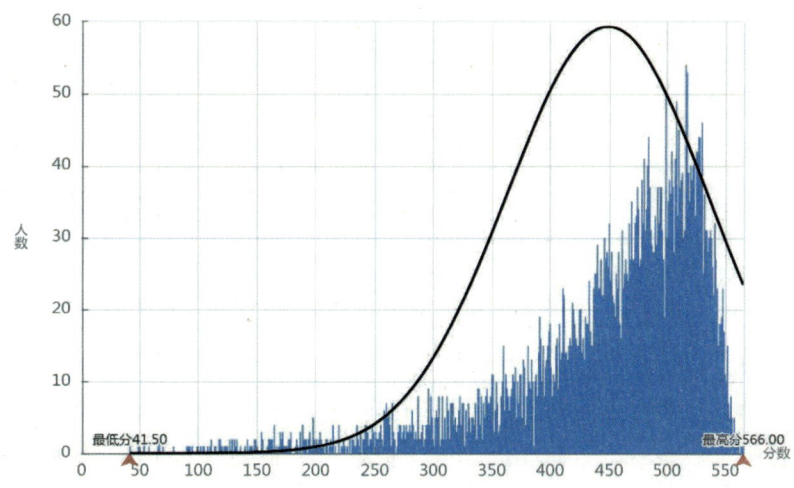

图 11-1　F 区学生总分分布曲线图

2.各校考生总分分析

将 38 所学校分为城镇组和农村组。下面呈现了全区各初中校的总分参与分析人数、总分平均分、整体得分率、合格率、优秀率、最高分、最低分、标准差情况(表 11-2、11-3)。

(1)各校考生总分情况分析。

表11-2　全区E类校总分情况表

学校	参与分析人数	平均分	得分率	优秀率（%）	合格率（%）	最高分	最低分	标准差
E5	355	483.81	0.83	56.9	95.49	564.5	276.5	58.26
E6	89	472.39	0.81	49.44	97.75	544.5	313.5	57.49
E17	40	470.15	0.81	42.5	92.5	550	335.5	61.12
E9	75	470.11	0.81	48	93.33	558	163	70.29

续 表

学校	参与分析人数	平均分	得分率	优秀率（%）	合格率（%）	最高分	最低分	标准差
E16	60	470.03	0.81	48.33	96.67	550	132.5	64.95
E3	454	469.94	0.81	51.98	91.63	563.5	78.5	80.05
E2	243	469.23	0.81	48.15	92.59	566	67	76.26
E10	264	469.03	0.81	49.24	93.18	560.5	169	69.53
E1	152	460.35	0.79	44.74	88.82	555.5	58	85.86
E类校	3235	457.33	0.79	42.78	89.83	566	58	82.9
E7	453	451.72	0.78	38.41	88.96	559.5	110	82.05
E14	153	451.72	0.78	37.25	90.2	558.5	119	82.44
E15	288	448.02	0.77	42.36	85.42	558.5	90.5	97.49
E12	76	447.05	0.77	39.47	85.53	549.5	188.5	88.62
E4	99	444.14	0.77	32.32	86.87	546.5	136	85.6
E11	50	420.59	0.73	22	78	546	115	106.94
E8	327	417.94	0.72	18.35	83.18	550.5	67	88.34
E13	57	417.73	0.72	33.33	77.19	557.5	118	118.1
全区	5327	448.94	0.77	37.45	88.17	566	41.5	86.07

表11-3 全区D类校总分情况表

学校	参与分析人数	平均分	得分率	优秀率（%）	合格率（%）	最高分	最低分	标准差
D2	100	479.86	0.83	49	97	554.5	191	62.15
D14	102	464.05	0.8	45.1	92.16	553.5	148.5	79.59
D20	69	461.52	0.8	44.93	91.3	543.5	197.5	73.85
D13	129	459.78	0.79	41.86	89.92	547.5	188.5	72.79
D19	70	456.66	0.79	41.43	90	547.5	220	71.94
D12	141	454.33	0.78	39.01	90.07	549.5	102	85.07

续表

学校	参与分析人数	平均分	得分率	优秀率（%）	合格率（%）	最高分	最低分	标准差
D4	109	439.05	0.76	39.45	86.24	562	41.5	103.01
D6	192	437.27	0.75	23.96	86.46	553.5	66	81.37
D5	60	436.41	0.75	38.33	81.67	539	165	90.08
D类校	2092	435.97	0.75	29.21	85.61	562	41.5	89.2
D18	151	435.42	0.75	23.84	88.08	537.5	110.5	76.02
D8	82	434.46	0.75	21.95	87.8	546.5	189	76.91
D15	72	431.99	0.74	30.56	81.94	549	144	92.95
D17	89	431.54	0.74	34.83	83.15	545.5	98.5	103.65
D11	107	430.09	0.74	17.76	87.85	553	105	84.35
D16	83	429.01	0.74	19.28	83.13	542.5	154	78.4
D1	110	420.37	0.72	24.55	80.91	551.5	54	97.81
D10	78	416.39	0.72	17.95	84.62	534.5	128.5	94.43
D21	23	415.85	0.72	30.43	82.61	541	203.5	87.19
D7	128	407.7	0.7	14.84	77.34	542.5	54	99.63
D9	61	401.39	0.69	18.03	73.77	542	92.5	104.67
D3	136	397.6	0.69	11.03	75.74	537.5	70	96.47
全区	5327	448.94	0.77	37.45	88.17	566	41.5	86.07

（2）各校考生成绩分布 M-S 图。平均分和差异系数图反映的是各学校学生成绩的集中程度。差异系数是一组数据的标准差与其均值的百分比，是测算数据离散程度的相对指标。图中的每个小圆圈代表了参加本次考试学校所处的位置，横坐标是本次测试学校学生总体成绩的差异系数，越往右，学生成绩的差异性越大；纵坐标是学校学生总体成绩的平均分，越往上，该校总体平均成绩越高。区差异系数和区平均值将图中区域分成了四个象限，学校分布情况如图11-2，学校分类如表11-4所示。

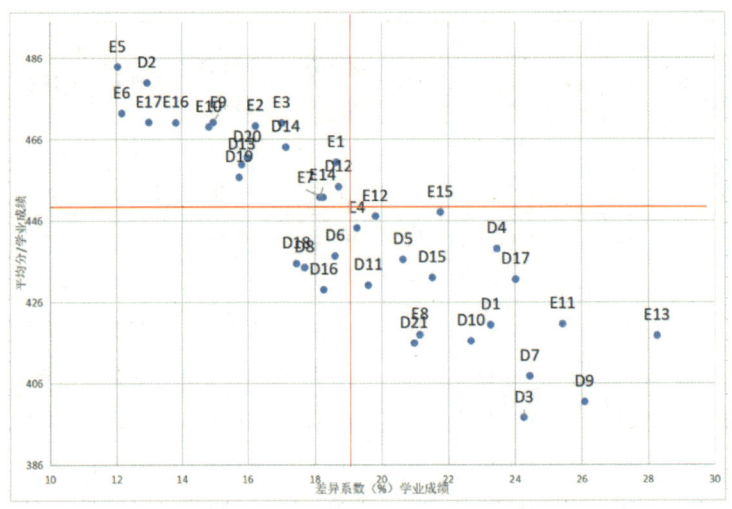

图 11-2　全区各学校平均分－差异系数图

表11-4　学校分类

象限	象限描述	学校
第一象限 （0所学校）	总体成绩良好，学生成绩的差异性较大	
第二象限 （17所学校）	总体成绩良好，学生成绩的差异性较小	E5、D2、E6、E17、E16、E9、E10、E3、E2、D14、D20、D13、D19、E1、D12、E14、E7
第三象限 （4所学校）	总体成绩偏低，学生成绩的差异性较小	D6、D18、D8、D16
第四象限 （17所学校）	总体成绩偏低，学生成绩的差异性较大	E15、E12、E4、D4、D5、D15、D11、D17、D1、D21、E8、D10、E11、E13、D7、D9、D3

（3）各校考生成绩分布箱线图。箱线图是用一组数据中的最小值、第一四分位数（下四分位数）、中位数、第三四分位数（上四分位数）和最大值来反映数据分布的中心位置和散布范围（图11-3）。通过将多组数据的箱线图画在同一坐标上，可以清晰地显示各组数据的分布差异，为发现问题、改进教学提供线索。在实际使用时，我们可以重点关注三

项指标：（1）箱子的宽度，即 Q3-Q1，它在一定程度上反映了数据的波动程度。箱体越扁说明数据越集中，同样上下边界之间的端线越短也说明数据集中；（2）中位数的位置，中位数在箱体中间，代表学生的成绩分布近似正态，中位数靠上，表示中上游的学生成绩较好，中位数靠下，表示中上游的学生成绩相对不理想；（3）异常值，箱体上边界和下边界之外的数值，鉴别标准是区间 Q3+1.5(Q3-Q1)，Q1-1.5(Q3-Q1)之外的值。

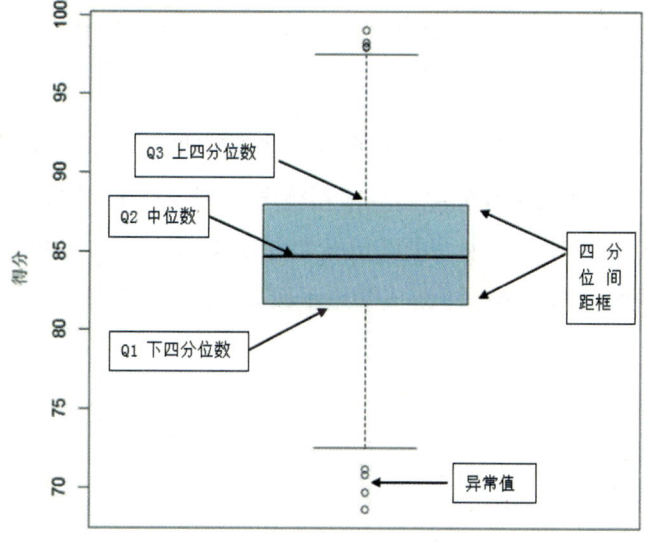

图 11-3　箱线图示意

图 11-4 是 E 类学校的原始成绩箱线图。E5、E9、E16、E17 校中间 50% 成绩分布集中，中游成绩差距较小；除 E6、E17 外的学校都存在低分异常值。E9、E10、E11、E13、E15、E16 中上游学生成绩较好。

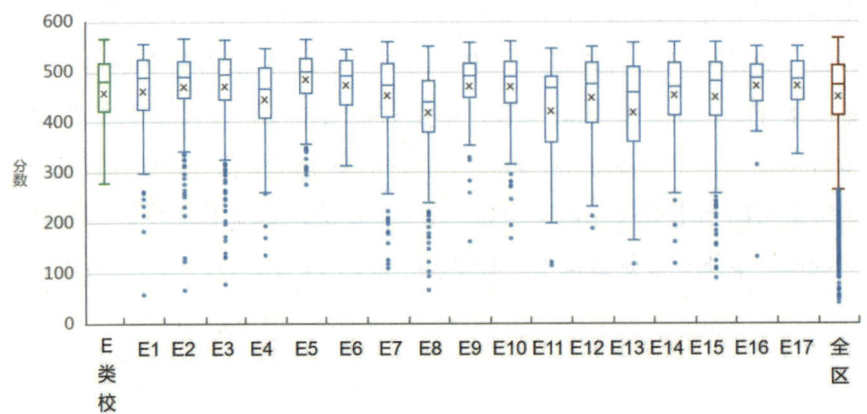

图 11-4　E 类各学校成绩箱线图

图 11-5 是 D 类学校的原始成绩箱线图。D2、D11、D12、D19、D20 校中间 50% 成绩分布集中，中游成绩差距较小；D3、D7、D9、D21 校的中间 50% 成绩分布分散，中游成绩差距较大。

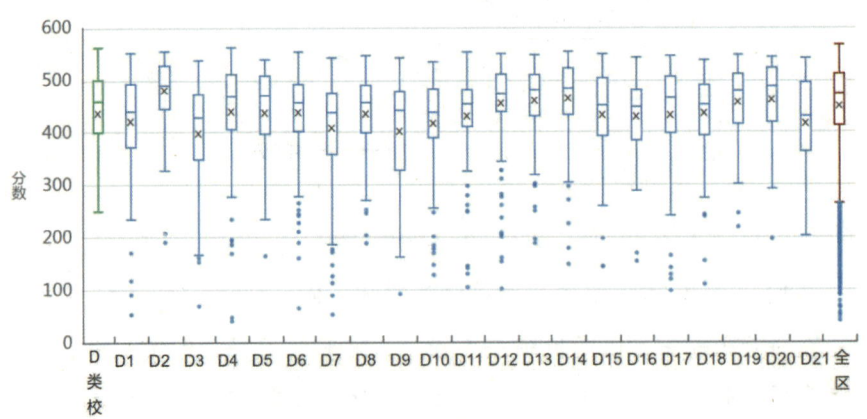

图 11-5　D 类各学校成绩箱线图

（4）尖端生情况分析。学优生群体是中考中尤为重要的一个群体，图 11-6～图 11-8 分别显示了全区初中校中排在全区前 50 名、前 200 名、前 500 名人数占各校的百分比。（各校百分比 = 各群体（班、校、区）各分段人数 / 各群体（班、校、区）参与分析人数）

第十一章 F区某次九年级诊断性评价分析报告

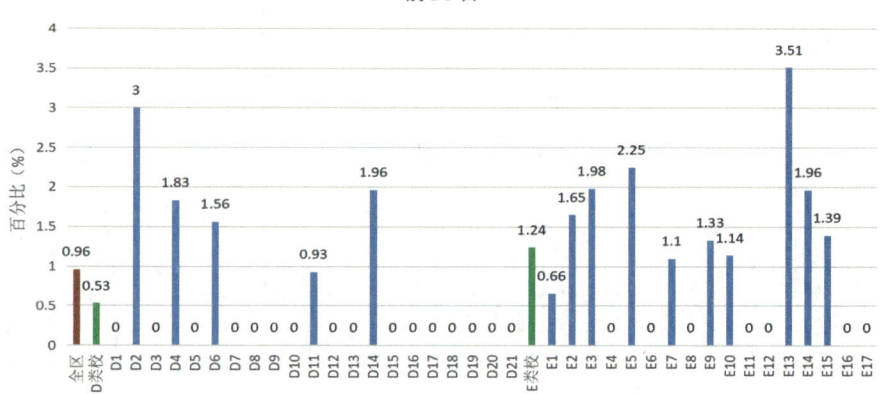

图 11-6　全区前 50 名比例图

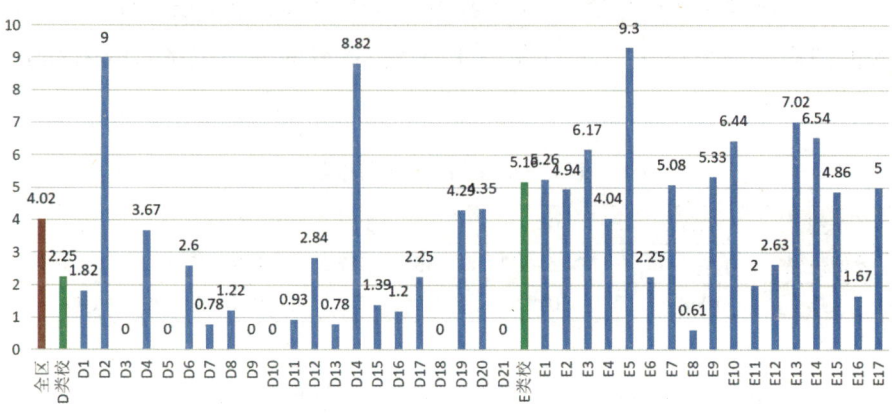

图 11-7　全区前 200 名比例图

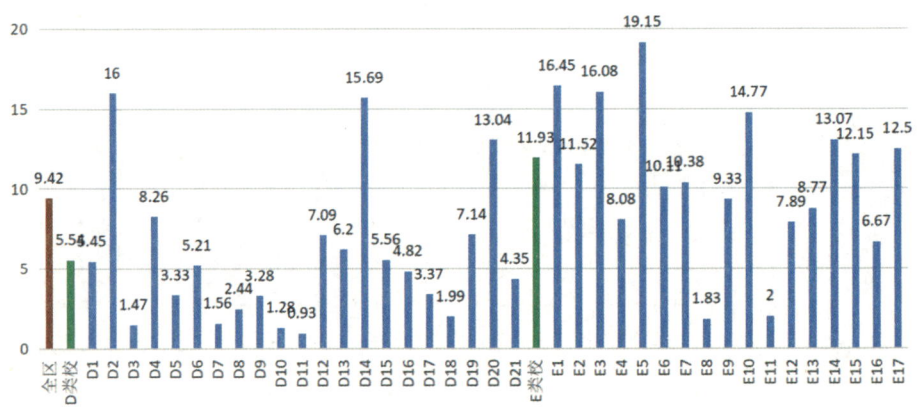

图 11-8 全区前 500 名比例图

（5）分组分析。对全区 5327 名参与分析的考生成绩按升序排列后，由低到高分别为：G1、G2、G3、G4、G5。各组的分值范围及人数如表 11-5。

表 11-5 总分分组情况表

组别	G1	G2	G3	G4	G5
分值范围	41.5–394	394.5–452	452.5–488.5	489–517.5	518–566
人数	1068	1069	1067	1062	1061

表 11-6 是 38 所初中校在全区各组的人数及占比情况。

表 11-6 各初中校在各组的人数分布情况（E 类校）

类别	G5 段		G4 段		G3 段		G2 段		G1 段	
	人数	百分比（%）	人数	百分比（%）	人数	百分比（%）	人数	百分比（%）	人数	百分比（%）
全区	1061	19.92	1062	19.94	1067	20.03	1069	20.07	1068	20.05
E 类校	793	24.51	671	20.74	615	19.01	569	17.59	587	18.15
E1	47	30.92	29	19.08	25	16.45	23	15.13	28	18.42
E2	65	26.75	59	24.28	52	21.4	37	15.23	30	12.35

续 表

类别	G5段		G4段		G3段		G2段		G1段	
	人数	百分比（%）	人数	百分比（%）	人数	百分比（%）	人数	百分比（%）	人数	百分比（%）
E3	151	33.26	96	21.15	81	17.84	60	13.22	66	14.54
E4	21	21.21	12	12.12	24	24.24	19	19.19	23	23.23
E5	117	32.96	93	26.2	62	17.46	52	14.65	31	8.73
E6	26	29.21	21	23.6	11	12.36	19	21.35	12	13.48
E7	102	22.52	84	18.54	84	18.54	89	19.65	94	20.75
E8	17	5.2	51	15.6	70	21.41	84	25.69	105	32.11
E9	15	20	24	32	15	20	12	16	9	12
E10	67	25.38	66	25	48	18.18	45	17.05	38	14.39
E11	4	8	9	18	16	32	7	14	14	28
E12	19	25	13	17.11	14	18.42	12	15.79	18	23.68
E13	12	21.05	7	12.28	13	22.81	6	10.53	19	33.33
E14	36	23.53	23	15.03	25	16.34	38	24.84	31	20.26
E15	71	24.65	58	20.14	56	19.44	45	15.63	58	20.14
E16	13	21.67	17	28.33	10	16.67	16	26.67	4	6.67
E17	10	25	9	22.5	9	22.5	5	12.5	7	17.5

图11-9呈现了E类校的各组人数在本校的占比情况。

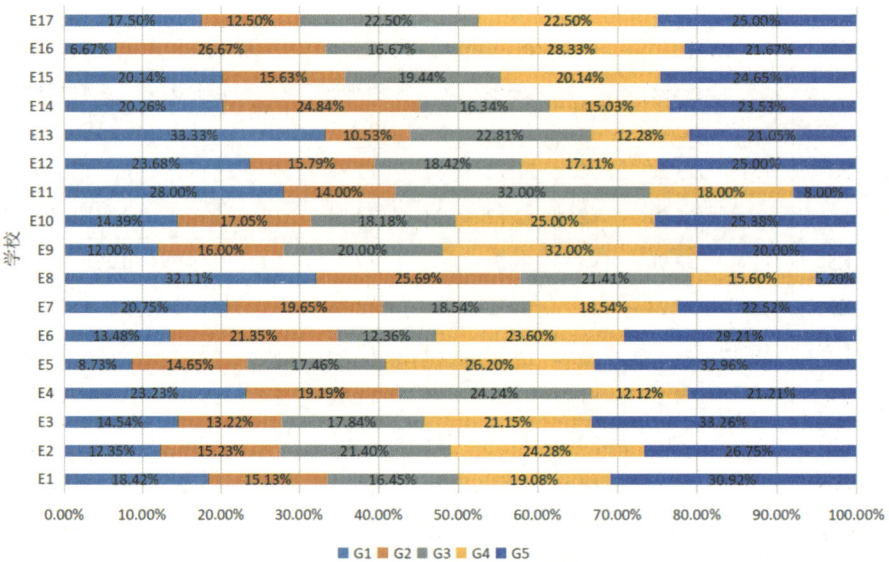

图 11-9　各初中校在 G1-G5 各组的人数百分比（E 类校）

表 11-7 为各初中校在各组的人数分布情况。

表11-7　各初中校在各组的人数分布情况（D类校）

类别	G5 段		G4 段		G3 段		G2 段		G1 段	
	人数	百分比（%）	人数	百分比（%）	人数	百分比（%）	人数	百分比（%）	人数	百分比（%）
全区	1061	19.92	1062	19.94	1067	20.03	1069	20.07	1068	20.05
D 类校	268	12.81	391	18.69	452	21.61	500	23.9	481	22.99
D1	9	8.18	23	20.91	17	15.45	27	24.55	34	30.91
D2	33	33	18	18	21	21	23	23	5	5
D3	2	1.47	17	12.5	25	18.38	43	31.62	49	36.03
D4	20	18.35	25	22.94	15	13.76	27	24.77	22	20.18
D5	9	15	16	26.67	8	13.33	12	20	15	25
D6	21	10.94	32	16.67	51	26.56	46	23.96	42	21.88
D7	8	6.25	11	8.59	29	22.66	40	31.25	40	31.25

续 表

类别	G5 段		G4 段		G3 段		G2 段		G1 段	
	人数	百分比（%）	人数	百分比（%）	人数	百分比（%）	人数	百分比（%）	人数	百分比（%）
D8	5	6.1	18	21.95	21	25.61	19	23.17	19	23.17
D9	2	3.28	10	16.39	17	27.87	8	13.11	24	39.34
D10	4	5.13	13	16.67	15	19.23	25	32.05	21	26.92
D11	3	2.8	17	15.89	34	31.78	30	28.04	23	21.5
D12	29	20.57	31	21.99	35	24.82	24	17.02	22	15.6
D13	23	17.83	32	24.81	31	24.03	24	18.6	19	14.73
D14	29	28.43	18	17.65	22	21.57	19	18.63	14	13.73
D15	9	12.5	14	19.44	12	16.67	19	26.39	18	25
D16	8	9.64	9	10.84	24	28.92	18	21.69	24	28.92
D17	12	13.48	21	23.6	15	16.85	20	22.47	21	23.6
D18	10	6.62	28	18.54	38	25.17	37	24.5	38	25.17
D19	12	17.14	18	25.71	13	18.57	16	22.86	11	15.71
D20	19	27.54	14	20.29	7	10.14	17	24.64	12	17.39
D21	1	4.35	6	26.09	2	8.7	6	26.09	8	34.78

图 10-10 呈现了 D 类校的各组人数在本校的占比情况。

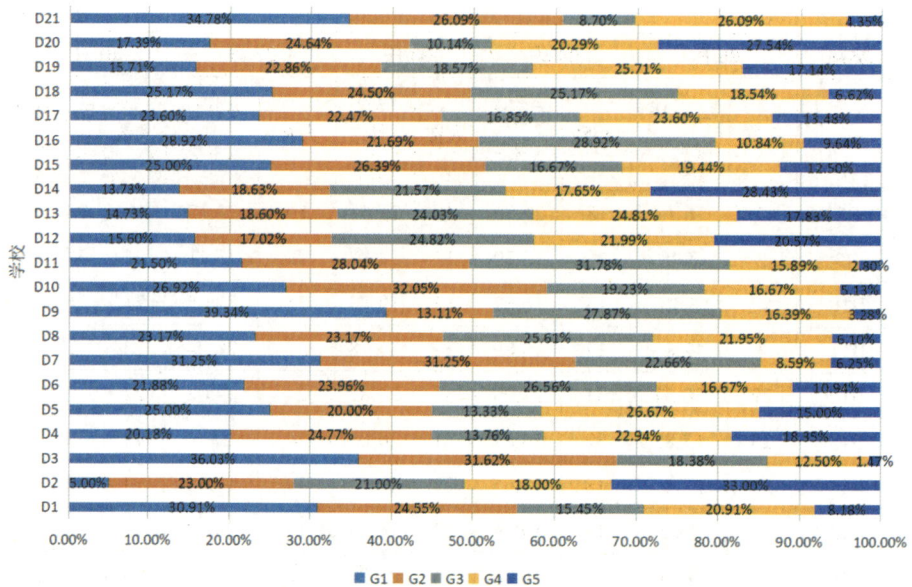

图 11-10　各初中校在 G1-G5 各组的人数百分比（D 类校）

（6）总分一分两率排位变化。将初三期末诊断的总分平均分、优秀率、合格率与初二下期末比较，表格显示了两次考试各校在区域中位置的变化情况（表 11-8）。

表 11-8　初三期末诊断和初二下学期期末一分两率排位变化情况

学校名称	平均分	优秀率	合格率
D1	-5	0	-5
D2	2	3	-1
D3	-11	-8	-6
D4	7	12	-1
D5	-1	3	-12
D6	8	0	13
D7	2	-5	-3
D8	-11	-12	-15
D9	-2	-1	0

续 表

学校名称	平均分	优秀率	合格率
D10	2	1	11
D11	4	−1	11
D12	2	3	4
D13	3	6	1
D14	3	3	2
D15	−11	−9	−16
D16	2	−8	−2
D17	7	12	1
D18	−1	−4	5
D19	19	23	19
D20	−2	−4	−3
D21	2	11	6
E1	8	6	2
E2	11	15	11
E3	−4	−1	−4
E4	4	−6	5
E5	1	4	−1
E6	2	6	6
E7	5	−5	5
E8	−7	−2	−2
E9	1	3	−1
E10	−8	−2	−4
E11	−1	−4	0
E12	−7	−12	−11
E13	−15	−10	−12
E14	−5	−14	2
E15	−11	−10	−16
E16	4	9	6
E17	4	−2	4

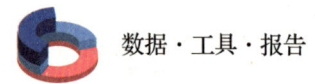

（二）学科诊断

为反映学校的学科水平，诊断各初中学校的校薄弱学科，本部分采用各学科原始分分析。

1. 学科一分两率分析

（1）平均分。表11-9、表11-10展示了各学校各学科的平均分、标准差。

第十一章 F区某次九年级诊断性评价分析报告

表11-9 各校各学科平均分统计表（E类校）

学校名称	语文 平均分	语文 标准差	数学 平均分	数学 标准差	英语 平均分	英语 标准差	物理 平均分	物理 标准差	化学 平均分	化学 标准差	历史 平均分	历史 标准差	道法 平均分	道法 标准差
E1	79.59	13.65	69.64	20.05	79.95	18.58	58.56	12.23	57.98	12.86	58.46	10.83	54.44	11.27
E2	80.45	10.43	72.37	19.25	82.6	15.91	58.05	12.06	61.58	10.08	59.04	9.96	54.04	9.92
E3	83.21	11.9	68.41	19.78	85.39	16.32	56.81	12.24	60.69	10.05	60.06	8.91	55.08	10.57
E4	77.18	10.35	66.9	20.49	82.49	17.24	52.3	13.73	56.01	11.96	57.45	10.95	51.81	11.01
E5	82.08	9.07	75.36	14.85	88.32	11.82	59.78	8.9	61.53	8.12	60.13	6.97	56.47	8.13
E6	81.6	8.02	69.42	16.23	84.95	14.84	57.87	8.67	62.74	6.4	61.33	5.18	54.56	8.73
E7	77.12	11.7	64.85	20.69	77.57	18.37	56.61	11.84	59.73	10.11	59.42	9.27	56.49	11.06
E8	74.82	12.14	59.2	20.74	75.09	19.32	50.76	11.68	54.04	12.29	54.04	11.89	49.58	11.09
E9	81.15	10.25	72.75	16.76	84.57	16.47	58.08	11	57.85	9.8	59.95	8.06	55.76	7.65
E10	83.39	8.25	66.61	19.12	84.16	14.61	59.71	10.85	58.81	10.69	59.33	8.09	57.01	7.9
E11	76.12	16.75	62.12	23.24	77.16	21.52	46.6	13.5	53.28	16.19	55.29	13.3	50.02	12.7
E12	79.08	10.14	65.08	21.13	78.87	19.32	54.59	12.45	58.41	11.73	55.81	11.98	55.21	9.8
E13	81.77	11.56	57.79	26.57	72.94	25.02	50.39	16.63	53.44	17.61	53.14	15.51	48.26	14.7
E14	78.98	12.32	66.95	20.92	79.85	17.28	54.34	12.17	58.68	10.92	57.35	9.1	55.57	8.42
E15	78.63	15.14	64.15	22.01	81.5	19.72	53.89	13.56	57.68	12.62	57.55	11.91	54.17	11.31
E16	82.77	11.22	71.9	15.15	82.74	15.72	55.83	9.85	61.65	7.8	59.23	6.9	55.9	7.31
E17	83.7	6.49	72.68	15.17	85.99	12.96	54.03	9.05	58.83	9.81	60.24	7.57	54.7	8.25
E类校	79.9	11.85	67.33	20.24	81.73	17.64	56.07	12.18	58.95	11.16	58.45	9.98	54.58	10.42
全区	78.77	12.32	66.01	20.88	79.63	18.55	54.72	12.42	58.15	11.59	57.53	10.49	53.69	10.71

表11-10 各校各学科平均分统计表（D类校）

学校名称	语文 平均分	语文 标准差	数学 平均分	数学 标准差	英语 平均分	英语 标准差	物理 平均分	物理 标准差	化学 平均分	化学 标准差	历史 平均分	历史 标准差	道法 平均分	道法 标准差
D1	76.9	14.06	62.92	21.81	71.65	21.79	50.03	12.93	55.3	12.75	53.73	12.8	49.15	12.04
D2	83.65	8.26	72.28	17.46	85.97	13.05	57.08	9.72	63.28	7.46	59.7	8.16	57.9	7.47
D3	73.12	14.02	53.68	23.43	68.95	20.45	46.28	14.29	50.45	12.92	52.28	12.24	51.08	10.36
D4	76.73	16.42	62.48	23.22	76.18	21.66	56.3	12.7	56.26	12.44	56.53	11.31	54.14	14.1
D5	76.37	9.74	65.4	24.57	78.52	17.83	49.23	13.07	58.52	10.97	56.03	10.81	50.85	12.58
D6	75.93	11.98	65.16	20.03	75.43	18.75	52.77	10.59	56.05	11.02	58.73	9.41	52.89	10.42
D7	75.9	13.94	55.76	21.69	72.41	21.75	48.16	13.56	53.04	14.76	52.61	12.81	49.83	11.82
D8	78.85	10.12	60.77	18.66	77.87	18.32	51.96	11.97	57.16	9.8	56.29	9.19	51.56	8.58
D9	71.51	16.41	54.7	24.74	70.29	22.64	49.72	11.68	54.51	14.66	52.03	12.89	48.62	13.58
D10	72.99	12.98	60.68	19.62	69.86	22.6	55.24	10.36	55.32	13.2	54.06	12.68	48.24	13.36
D11	74.02	12.39	63.6	19.81	71.03	18.26	51.47	10.9	58.5	11.15	57.86	11.45	53.18	10.35
D12	77.82	12	71.5	21.25	78.53	18.38	55.37	11.23	59.11	12.29	57.71	10.29	53.41	9.94
D13	79.77	10.6	69.62	17.37	79.92	17.09	56.47	11.54	60.79	8.32	57.69	8.27	55.19	8.51
D14	81.45	11.73	69.97	19.07	82.03	17.75	54.49	12.93	60.54	11.86	58.05	9.91	55.21	10.43
D15	76.42	13.86	60.64	24.37	78.97	17.45	53.06	13.32	58.15	12.37	54.42	10.12	50.33	11.42
D16	79.69	11.12	59.36	21.33	78.05	14.75	48.11	12.36	57.87	10.77	54.05	9.98	51.88	9.88
D17	76.66	14.05	66.08	24.79	75.38	21.24	52.97	13.77	52.64	13.34	55.44	13.72	52.38	11.54
D18	75.35	12.79	66.34	17.44	79.98	15.87	51.36	10.74	54.49	11.47	56.38	10.82	50.89	9.94
D19	77.5	8.9	66.17	21.07	81.78	13.44	58.09	11.85	62.27	8.4	56.58	9.88	54.27	9
D20	80.93	8.54	72.84	17.79	78.24	19.81	55.41	11.61	61.25	9	59.79	7.68	53.07	8.7
D21	77.46	13.28	48.7	23.01	69.71	23.34	54.88	13.65	52.75	11.93	53.5	12.24	50	12.23
D类校	77.01	12.81	63.98	21.67	76.37	19.42	52.63	12.5	56.93	12.13	56.11	11.09	52.32	10.99
全区	78.77	12.32	66.01	20.88	79.63	18.55	54.72	12.42	58.15	11.59	57.53	10.49	53.69	10.71

（2）合格率。表11-11、表11-12展示了各学校各学科的合格率。标绿的为学校的学科合格率位于所在群组的前5位，标红的为学校的学科合格率位于所在群组的后5位。

表11-11 各学校各学科合格率（E类校）

学校名称	语文	数学	英语	物理	化学	历史	道法
E1	91.45	75.66	86.93	90.85	87.58	92.81	88.24
E2	95.49	84.36	90.98	90.16	95.08	93.85	90.98
E3	95.61	74.45	92.32	88.16	94.3	95.83	89.47
E4	93.94	71.72	89.9	82.83	86.87	91.92	84.85
E5	97.19	85.39	96.07	94.94	96.63	96.91	94.94
E6	98.88	66.29	92.22	97.75	100	100	92.13
E7	92.94	68.5	84.58	87.44	92.95	95.37	90.31
E8	90.94	59.04	83.69	81.21	84.8	86.63	80.61
E9	97.33	85.33	92	93.33	93.33	97.33	94.67
E10	98.86	69.32	91.67	92.05	90.15	95.45	94.7
E11	82	70	84	74	78	84	80
E12	94.74	65.79	82.89	84.21	88.16	86.84	85.53
E13	92.98	56.14	73.68	73.68	78.95	78.95	73.68
E14	92.16	69.93	90.85	84.97	91.5	94.12	93.46
E15	90.66	67.13	86.94	82.41	87.59	90.34	86.55
E16	98.33	76.67	91.67	91.67	96.67	98.33	96.67
E17	100	80	95	92.5	92.5	97.5	87.5
E类校	94.3	72.22	89.07	87.8	91.34	93.47	89.34
全区	93.21	70.01	86.69	86.19	90.43	92.45	88.13

表11-12 各学校各学科合格率（D类校）

学校名称	语文	数学	英语	物理	化学	历史	道法
D1	90.99	64.86	73.64	80	89.19	88.29	78.18
D2	97	77	96	94	99	98	98
D3	84.06	48.91	74.45	70.8	78.1	84.67	84.67
D4	88.99	62.16	82.88	88.29	89.19	93.69	84.68
D5	93.55	66.13	78.33	80	86.67	88.33	83.33
D6	92.75	68.75	81.44	87.63	88.66	92.78	88.66
D7	89.84	53.13	77.34	74.22	84.38	85.94	82.03
D8	93.9	53.66	85.37	82.93	91.46	90.24	87.8
D9	81.97	50.82	75.41	73.77	80.33	78.69	73.77
D10	89.74	61.54	75.64	89.74	88.46	89.74	80.77
D11	89.91	70.64	76.85	85.32	92.59	94.44	91.74
D12	91.55	78.72	88.03	90.85	88.65	92.91	86.62
D13	93.8	79.84	86.82	87.69	96.12	93.8	89.92
D14	95.15	76.7	88.35	86.41	90.38	96.12	91.18
D15	91.67	66.67	84.72	83.33	88.89	88.89	81.94
D16	97.59	63.86	86.75	71.08	92.77	87.95	87.95
D17	88.76	68.54	82.02	83.15	79.78	86.52	85.39
D18	90.13	72.37	88.16	84.21	88.16	92.11	83.55
D19	94.29	64.29	95.71	87.14	95.71	91.43	90
D20	97.1	78.26	86.96	86.96	97.1	97.1	89.86
D21	95.83	43.48	70.83	87.5	83.33	87.5	83.33
D类校	91.54	66.6	83.02	83.7	89.02	90.87	86.25
全区	93.21	70.01	86.69	86.19	90.43	92.45	88.13

（3）优秀率。表11-13、表11-14展示了各学校各学科的优秀率。标绿的为学校的学科优秀率位于所在群组的前5位，标红的为学校的学科优秀率位于所在群组的后5位。

表11-13 各学校各学科优秀率（E类校）

学校名称	语文	数学	英语	物理	化学	历史	道法
E1	44.08	26.97	52.94	64.71	60.78	64.71	37.91
E2	42.21	28.4	56.56	58.2	76.23	66.8	30.74
E3	59.21	20.48	69.3	56.36	69.52	69.08	41.01
E4	25.25	22.22	57.58	35.35	48.48	59.6	27.27
E5	47.47	30.06	77.25	64.89	69.38	67.7	41.01
E6	43.82	25.84	70	57.3	75.56	73.33	30.34
E7	28.48	16.08	46.48	50.88	66.08	66.08	49.34
E8	20.54	6.63	38.37	25.76	40.12	43.16	15.45
E9	44	25.33	65.33	58.67	52	68	32
E10	51.89	19.32	61.74	62.88	65.91	67.8	44.7
E11	32	10	52	12	44	60	24
E12	36.84	17.11	48.68	47.37	61.84	50	38.16
E13	57.89	14.04	43.86	40.35	54.39	49.12	26.32
E14	39.87	19.61	51.63	41.18	58.17	49.67	37.25
E15	44.98	15.22	60.82	46.21	61.38	61.38	37.93
E16	50	20	55	40	73.33	58.33	31.67
E17	57.5	22.5	72.5	40	62.5	65	25
E类校	41.95	19.77	58.05	50.62	62.85	62.42	36.63
全区	37.28	17.85	52.14	44.19	59.64	57.91	32.97

表11-14 各学校各学科优秀率（D类校）

学校名称	语文	数学	英语	物理	化学	历史	道法
D1	32.43	11.71	32.73	26.36	48.65	41.44	20.91
D2	56	29	61	48	80	62	49
D3	17.39	5.84	22.63	20.44	23.36	35.04	18.98
D4	33.03	12.61	44.14	53.15	46.85	55.86	45.95
D5	22.58	29.03	56.67	20	53.33	46.67	30
D6	22.8	13.54	39.18	25.26	48.45	63.92	28.87

续 表

学校名称	语文	数学	英语	物理	化学	历史	道法
D7	25.78	4.69	36.72	17.97	41.41	34.38	19.53
D8	35.37	6.1	47.56	29.27	52.44	43.9	17.07
D9	16.39	3.28	34.43	24.59	55.74	40.98	21.31
D10	15.38	6.41	34.62	42.31	50	43.59	19.23
D11	14.68	7.34	18.52	22.02	64.81	62.04	28.44
D12	30.99	28.37	49.3	44.37	69.5	60.28	29.58
D13	43.41	20.93	53.49	51.54	69.77	55.04	34.88
D14	48.54	23.3	62.14	45.63	74.04	60.19	40.2
D15	33.33	12.5	47.22	43.06	63.89	41.67	20.83
D16	36.14	4.82	43.37	22.89	61.45	34.94	24.1
D17	28.09	30.34	42.7	37.08	40.45	53.93	30.34
D18	23.68	6.58	48.68	21.71	41.45	51.32	17.11
D19	28.57	20	50	60	75.71	57.14	22.86
D20	42.03	34.78	49.28	44.93	66.67	62.32	21.74
D21	37.5	0	37.5	45.83	29.17	37.5	25
D类校	30.09	14.89	43.01	34.27	54.68	50.95	27.31
全区	37.28	17.85	52.14	44.19	59.64	57.91	32.97

2.各学校各学科的T分数变化

各学科的原始分数之间不能直接比较，为了对每个学校的各学科进行比较，我们采用标准分这一指标。标准分是将学生原始分数与全区平均分之差除以标准差所得的商数，其意义在于能客观地比较不同学生不同学科的总成绩及其优劣。标准分的计算公式：$Z=$（原始分－平均分）/标准差，一般取值范围为（－3，+3），为了便于观察，我们将其转化为T分，$T=10*Z+50 \in$（20，80）。

采用T分数这一指标，比较了初三期末诊断和初二下学期期末这两次成绩的变化情况。表11-15、表11-16展示了各学校各学科两次考试T

第十一章　F区某次九年级诊断性评价分析报告

分数的差值。标绿的表示学校某学科初三期末诊断比初二下学期期末成绩有所提升，标红的表示学校某学科初三期末诊断比初二下学期期末成绩有所下降。

表11-15　各学校各学科T分数变化（E类校）

学校名称	语文	数学	英语	物理	历史	道法
E1	2.71	2.93	1.63	0.92	2.99	1.08
E2	0.7	2.75	0.93	4.31	2.57	1.86
E3	−2.34	−1.39	−1.01	−1.76	−0.52	0.15
E4	3.64	1.36	0.14	0.58	3.07	1.66
E5	0.19	0.81	0.2	−0.49	0.15	0.87
E6	0.45	0.34	0.68	−0.31	−1.51	0.17
E7	−0.54	0.18	0.15	3.24	1.98	2.6
E8	−0.81	−4.07	−0.34	0.21	−0.8	−0.01
E9	0.66	0.91	−0.63	0.11	−1.3	2.55
E10	0.17	−1.77	−0.18	−0.47	−2.47	−0.91
E11	−1.05	2.47	−0.08	−1.85	−1.99	0.15
E12	−0.18	−1.06	−0.77	−2.49	−3.98	−2.62
E13	−2.89	−1.39	−4.91	−3.06	−3.55	−2.93
E14	−0.44	−2.8	−0.44	−1.07	−0.12	−3.11
E15	−1.19	−1.96	−0.91	−2.13	−3.44	−2.31
E16	0.46	1.46	0.91	0.34	−1.14	−1.62
E17	−0.44	2	−0.08	2.93	−1.02	−4.1

表11-16 各学校各学科T分数变化（D类校）

学校名称	语文	数学	英语	物理	历史	道法
D1	−1.3	0.69	−1.54	−1.47	−0.85	−1.24
D2	1.06	−0.45	0.28	−0.17	0.88	1.65
D3	−1.21	−1.31	−1.56	−3.53	−3.34	−6.01
D4	−0.75	2.17	−0.87	1.06	4.31	5.5
D5	0.41	−1.28	0.31	−1.23	0.56	−0.76
D6	1.59	3.42	1.49	1.8	2.73	−0.03
D7	0.36	0.84	0.06	−0.49	−0.84	−0.2
D8	−0.74	−4.73	−0.05	−3.29	−3.68	−1.46
D9	2.91	−3	0.95	−3.35	−1.29	−1.15
D10	1.35	1.48	1.42	−1.34	1.46	0.42
D11	4.38	5.9	1.11	−3.42	−0.09	−1.35
D12	0.62	0.62	−0.31	−0.17	2.8	0.87
D13	2.84	2.04	0.15	−1.38	1.34	2.35
D14	−0.18	−0.15	0.03	1.57	−1	−1.76
D15	−1.27	−2.16	−0.51	−4.55	−4.92	−0.15
D16	−1.38	−0.84	−0.95	0.09	0.76	4.27
D17	0.09	2.37	2.19	2.74	4.93	−1.18
D18	1.57	0.65	0.52	0.43	1.68	−4.67
D19	−0.79	5.21	5.79	7.72	−1.85	3.21
D20	−2.6	−1.17	−1.04	2.14	−2.68	−0.79
D21	−1.45	−1.55	−1.89	3.3	0.13	3.26

3.学科知识和能力分析

学科知识分析部分选取了语文学科知识模块（其他学科略）进行分析，通过得分率的差异来反映各校对于该知识的掌握情况（表11-17）。学科关键能力分析主要分析各校学生在不同能力维度上的表现（表11-18）。

（1）知识组块分析。

表11-17　各校知识模块掌握情况

各校知识模块掌握情况（得分率%）			
单位	基础与运用	阅读与鉴赏	表达与交流
全区	77.4	75.0	83.8
D组	74.6	72.6	83.2
D1	70.8	73.2	83.1
D2	85.7	81.4	86.0
D3	70.2	66.7	81.9
D4	75.8	73.7	80.9
D5	77.2	70.2	84.0
D6	69.5	70.8	83.9
D7	73.0	71.9	81.7
D8	76.4	74.6	84.9
D9	70.8	66.0	78.7
D10	70.8	67.5	80.5
D11	61.7	68.4	84.1
D12	74.6	73.5	84.1
D13	84.1	76.8	82.6
D14	82.7	78.8	84.5
D15	72.8	71.7	83.3
D16	77.4	75.9	85.1
D17	74.1	72.5	82.5
D18	74.4	69.9	82.5
D19	75.3	72.4	84.5
D20	81.0	77.7	85.0
D21	75.0	73.5	83.0
E组	79.3	76.6	84.3
E1	80.1	76.7	83.1
E2	82.4	76.1	85.5
E3	83.0	81.1	85.9
E4	78.0	71.3	84.4
E5	85.6	79.8	84.2
E6	82.9	78.6	85.0
E7	73.2	72.8	83.6

续表

各校知识模块掌握情况（得分率%）			
单位	基础与运用	阅读与鉴赏	表达与交流
E8	68.8	69.2	83.3
E9	83.9	78.5	83.9
E10	84.7	81.2	85.9
E11	72.9	73.0	80.8
E12	72.8	76.0	84.5
E13	84.2	77.0	87.3
E14	72.7	76.2	84.0
E15	79.8	76.0	81.7
E16	88.9	80.1	84.7
E17	86.1	81.3	86.3

（2）学科关键能力分析。

表11-18　各校学科关键能力

各校学科关键能力（得分率%）			
单位	基本素养	阅读素养	写作素养
全区	75.1	75.5	83.8
D组	73.1	72.8	83.2
D1	71.0	73.7	83.1
D2	83.7	81.3	86.0
D3	66.3	67.7	81.9
D4	71.6	75.2	80.9
D5	76.1	69.0	84.0
D6	69.7	71.1	83.9
D7	73.0	71.6	81.7
D8	71.6	76.4	84.9
D9	69.9	65.2	78.7
D10	69.8	67.1	80.5
D11	63.9	69.0	84.1
D12	76.6	72.2	84.1
D13	81.0	76.4	82.6
D14	79.8	79.2	84.5

续 表

单位	各校学科关键能力（得分率%）		
	基本素养	阅读素养	写作素养
D15	72.1	71.7	83.3
D16	74.4	76.9	85.1
D17	71.9	73.2	82.5
D18	73.5	69.2	82.5
D19	70.8	73.8	84.5
D20	76.7	78.9	85.0
D21	72.1	74.6	83.0
E组	76.5	77.2	84.3
E1	78.5	76.7	83.1
E2	77.0	77.2	85.5
E3	81.1	81.6	85.9
E4	73.0	72.0	84.4
E5	81.6	80.2	84.2
E6	78.4	79.8	85.0
E7	71.9	73.3	83.6
E8	68.7	69.4	83.3
E9	78.9	79.5	83.9
E10	79.0	83.1	85.9
E11	73.9	72.6	80.8
E12	74.2	76.1	84.5
E13	79.4	77.5	87.3
E14	73.0	77.0	84.0
E15	75.9	77.0	81.7
E16	82.0	81.3	84.7
E17	79.8	83.1	86.3

（三）加工情况分析

我们采用了标准分这一指标，比较了小初衔接考、七年级上期末、七年级下期末、八年级上期末、八年级下期末、九年级上期末这六次考试的变化情况。

图11-11～图11-17展示了各学校六次考试的T分数，图中同一条

折线上的六个点代表各次考试在全区的相对水平。为了更清晰地呈现成绩变化情况,将两类学校分别分为 E 组(一)、E 组(二)、E 组(三)、D 组(一)、D 组(二)、D 组(三)、D 组(四)。

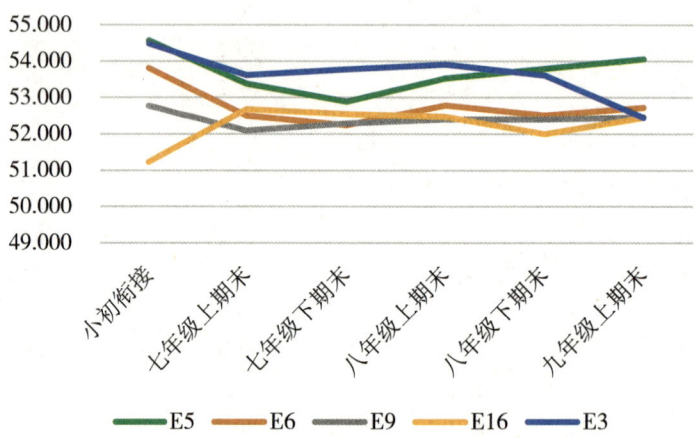

图 11-11　E 组(一)各校历次考试 T 分数变化趋势

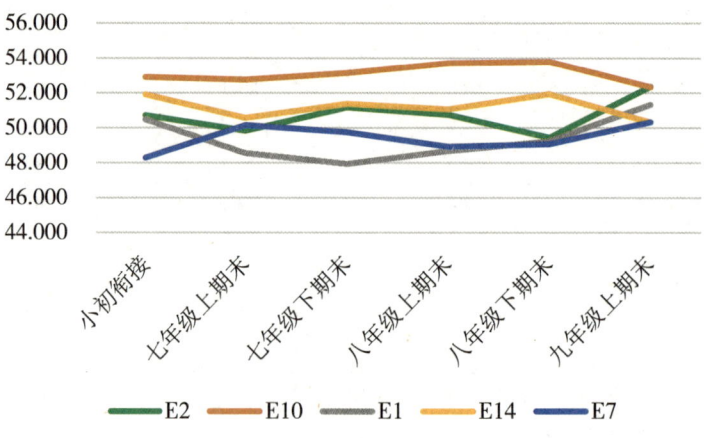

图 11-12　E 组(二)各校历次考试 T 分数变化趋势

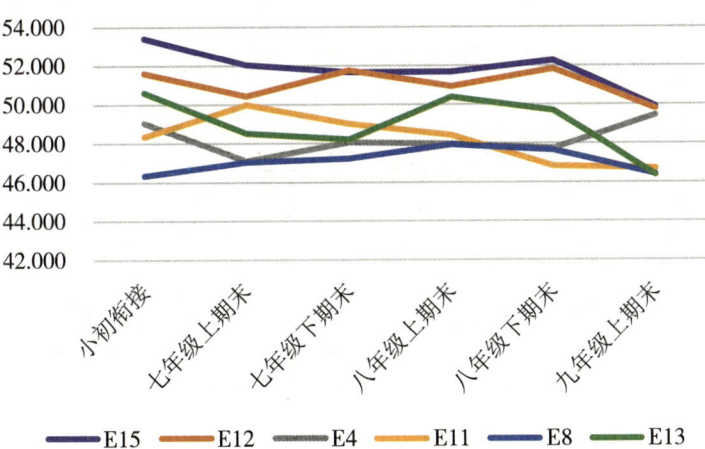

图 11-13　E 组（三）各校历次考试 T 分数变化趋势

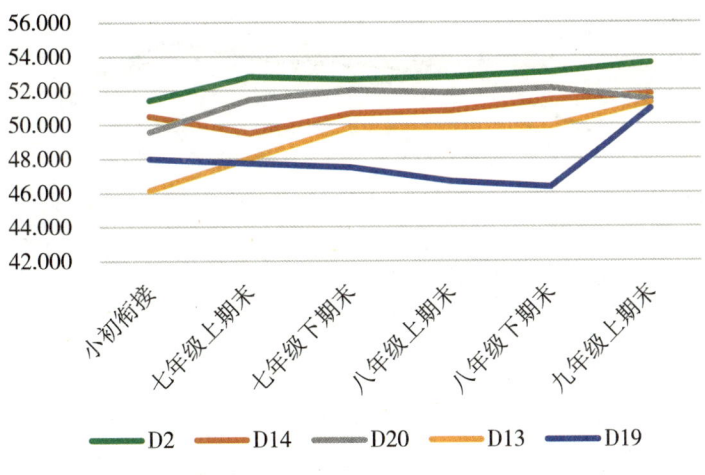

图 11-14　D 组（一）各校历次考试 T 分数变化趋势

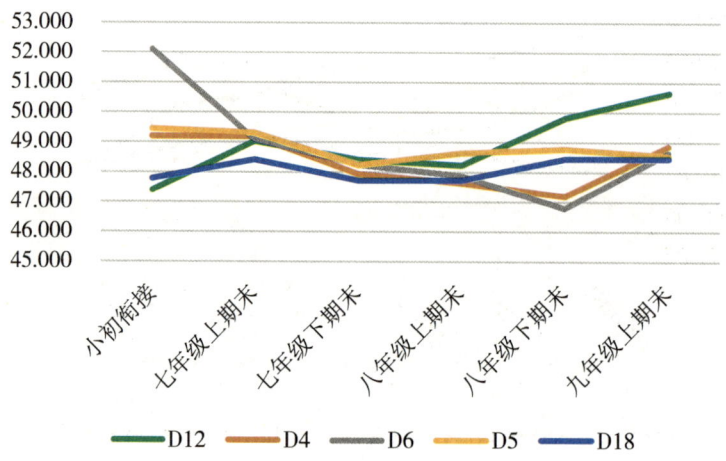

图 11-15　D 组（二）各校历次考试 T 分数变化趋势

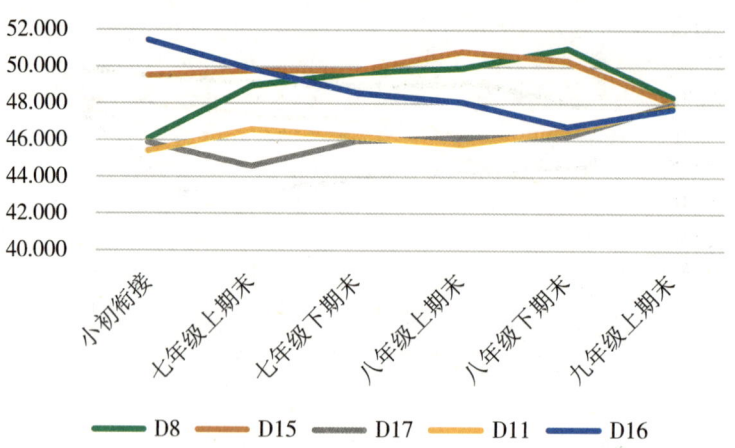

图 11-16　D 组（三）各校历次考试 T 分数变化趋势

第十一章　F区某次九年级诊断性评价分析报告

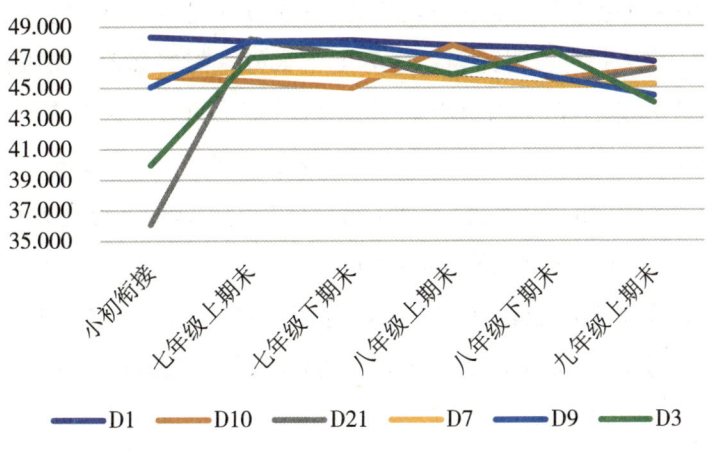

图 11-17　D组（四）各校历次考试 T 分数变化趋势

二、试卷质量分析

试卷质量分析主要从试题的难度、区分度和试卷的信度三个指标进行分析。

难度系数 P 在 0 和 1 之间，是指能够正确解答试题的人数和参加考试的总人数之比，即试题的通过率或答对率。试题难度系数与试题试卷难易程度正好相反，难度系数越高，题目越简单。一般认为，单题的难度系数在 0.2~0.8 之间为适中，低于 0.2 说明试题太难，高于 0.8 说明试题太易，通常情况下，整套试卷难度系数配置比重达到 7:2:1 或 6:3:1 比较符合义务教育阶段学校的测试习惯或测试的要求；如果 P 大于 0.8 与 P 小于 0.2 的试题各占 10%，P 在 0.2 与 0.4 之间与 0.6 与 0.8 之间各占 20%，P 在 0.4 与 0.6 之间的中等难度的试题占 60%，则整套试卷平均难度在 0.4—0.6 之间，该试卷整体难度符合选拔性考试。因此，命题时要根据考试目的具体情况具体分析。

区分度是指该试题区分考生能力的程度，它基于这样一个假设：能力高的考生比能力低的考生更有可能正确回答试题。区分度的取值在 –1~1 之间，区分度指数越高，试题的区分度就越好。一般认为，区分度指数在 0.4 以上表明此题区分度很好，0.3~0.39 之间表明此题的区分度较好，0.2~0.29 之间表明此题的区分度不太好，需要修改，0.19 以下表明此题的区分度不好，应该淘汰。如果区分度为负数，则要考虑该题是否出现错误。一个测验用于选拔，其区分度应该高一些；如果一个测验只是用于考查学生的掌握情况，可不考虑区分度，即使区分度为 0，只要该项内容是重要的，今后仍可继续使用。

信度是指试卷的稳定性和可靠性程度。本次分析采用分半信度法，信度的取值为 0~1，信度的值越大表示测验的可靠性越高。一般认为，合理的试卷信度应大于 0.7。

通过分析可知，各个学科信度系数基本均在 0.8 以上，表示试卷具有较高的可靠性与测量一致性。整体难度适中，具有较好的区分度（表11–19）。

表11-19 各学科试题的信度、难度、区分度

学科	语文	数学	英语	物理	化学	历史	道法
信度值	0.89	0.96	0.88	0.93	0.95	0.92	0.87
难度	0.79	0.66	0.8	0.78	0.83	0.82	0.77
区分度	0.30	0.52	0.46	0.46	0.39	0.33	0.37

第十二章　F区高二英语听说成绩分析报告

2022年10月，B市F区进行了高二年级英语听说考试。此次考试重在检测学生听说技能的掌握情况，以及学生综合运用英语语言知识的水平。

本次听说考试旨在考查学生的听说能力，其中听的能力包括能获取事实性具体信息；能根据所获取的信息进行简单推断；能理解说话者的意图、观点和态度；能理解所听语段的主旨要义；能针对所听语段的内容记录简单信息。说的能力包括能与他人沟通所听语段中的关键信息；能传达所听语段中的相关信息；能运用所学语言知识完成朗读；能在口头表达中进行适当的自我修正；能在口语活动中做到语音准确、语调自然、节奏适中。

一、考试情况分析

（一）全区平均分

本次考试共有9所学校的学生参加，全区的平均分为29.37分（满分50分），得分率为58.74%，学生失分原因在典例分析部分会具体分析。

（二）全区各题型答题分析

从各题型的平均分来看，本次考试学生短文朗读部分得分最高，得分率为67.88%，读后回答得分最低，得分率为41.00%（表12-1），第二部分根据各题型得分率低的小题，分析学生失分原因。

表12-1　全区高二年级各题型平均分

平均分	听后选择	听后记录	听后转述	短文朗读	读后回答
平均分	12.39	3.88	5.21	5.43	2.46
平均得分率	58.99%	64.73%	57.87%	67.88%	41.00%

（三）全区各校平均分对比

根据全区各校平均分排名分布可知，本次听说考试各校平均分区分度较大，A1校平均分最高，为37.72，C4校平均分最低，为21.22，各校仍有提升空间，在后续的单题分析中可以看到学生失分的题型，老师可以进行针对性训练让学生成绩更上一层楼；经过本次考试检测，完成查漏补缺过程，其他各校要根据学生具体情况进行教学调整，提早行动，稳扎稳打，找到不足，加强训练（图12-1）。

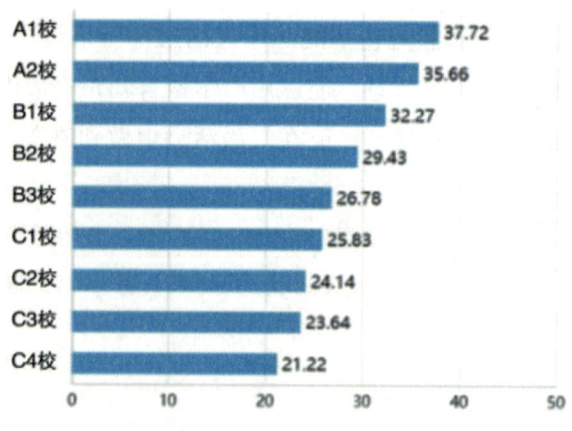

图12-1　全区各校平均分对比

第十二章 F区高二英语听说成绩分析报告

（四）全区各分数段人数分布

如图 12-2 所示，全区 30.0-34.9 分数段学生人数最多，共 578 人，其次是 25-29.9 分数段，共 557 人，有 0 人满分。考试是一个查漏补缺的过程，各校应根据成绩分析报告对高分段学生采取弱项针对性训练，对低分段学生采取夯实基础的策略。

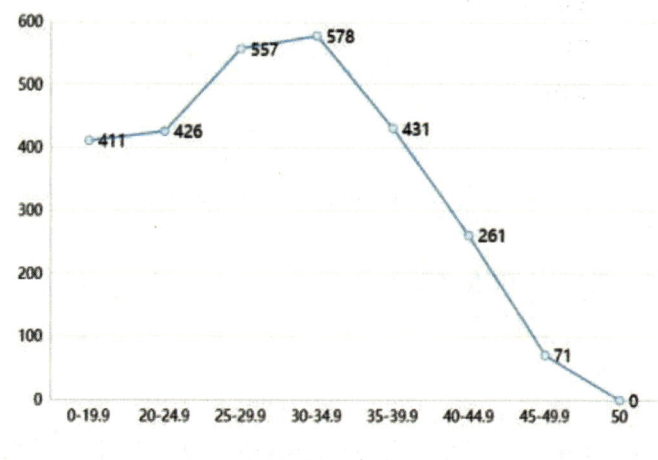

图 12-2 全区各分数段人数分布

（五）全区高分段人数比例分布

本次高二年级期中英语听说考试总分 50 分，将各校 45 分以上的学生视为高分段学生，以高分段学生占校总人数比例对各校进行对比可知，本次考试 A1 校高分段比例最高，各校高分段人数比例区分度较大，需要着重加强听说练习，进行针对性练习帮助学生提高听说成绩（图 12-3）。

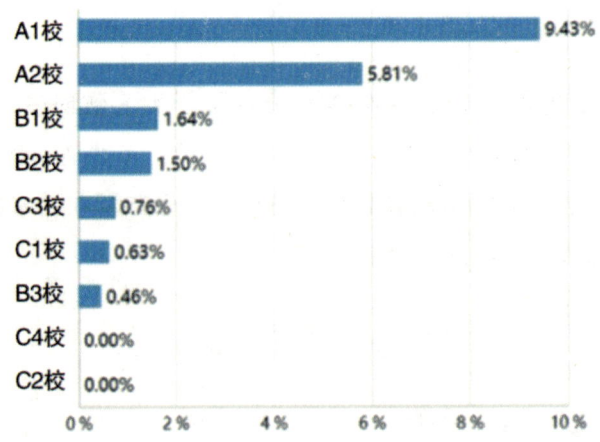

图 12-3 全区高分段人数比例分布

二、典例分析与教学建议

（一）典例分析

针对学生失分严重的口语表达各题我们大量听取了学生的音频，发现有些客观因素造成了部分学生得分与实际水平不一致的情况，也发现学生在答题过程中忽略的一些机器评分规则以及学生自身原因造成的失分情况，下面针对以上情况总结学生共性问题。同时，根据技术提供的数据，总结了学生的共性问题，我们将以实例佐证各类失分原因，帮助学生清晰认识存在的问题，以期在考试过程中避免犯类似错误。

1. 读后回答共性问题

根据全区读后回答各小题平均分和得分率，读后回答各小题中第 14 题得分率相对较低，得分率为 27.15%（表 12-2），所以我们从第 14 题的学生作答音频中找出学生失分的共性问题，明确对得分影响的因素，并规避该影响造成的失分将在很大程度上帮助学生提分。

第十二章　F区高二英语听说成绩分析报告

表12-2　读后回答各小题平均分与得分率

第 13 题	第 14 题	第 15 题
1.19	0.54	0.73
59.39%	27.15%	36.47%

以下是学生典型失分原因：

Text 11

A wildfire is an uncontrolled fire that burns in the wildland plants, often in dry areas. Ground fires typically start in soil thick with things like plant roots to feed the fire. Ground fires can burn slowly for a long time, even an entire season, until conditions are suitable for them to spread to a surface. Surface fires, on the other hand, burn in dead or dry plants that are lying or growing just above the ground.

Wildfires can cause damage to property and human life. They are so damaging for several reasons. First, they are incredibly hard to contain. At the same time, it is impossible to place firefighters in the middle of a fire. Finally, the dry climate provides plenty of burning materials.

M: Question 2: How are surface fires different from ground fires?

W: Answer 2:

1. Burn in dead or dry plants that are lying or growing just above the ground.

2. Surface fires burn in dead or dry plants that are lying or growing just above the ground.

3. Surface fires, on the other hand, burn in dead or dry plants that are lying or growing just above the ground.

4. Different from ground fires, surface fires burn in dead or dry plants that are lying or growing just above the ground.

数据·工具·报告

错误类型：

（1）未听懂题目，原文信息捕捉错误。

【典例1】

编号为121841××的学生作答"The surface time of the always time."，没有捕捉到关键信息，导致失分。

（链接略）

【典例2】

编号为121834××的学生未作答，没有捕捉到关键信息，得分为0。

（链接略）

【典例3】

编号为121873××的学生作答"The surface fire, on the other hand…"，没有捕捉到关键信息，得分为0。

（链接略）

【典例4】

编号为121873××的学生作答"The surface fire…because surface fires different from ground fires."，没有捕捉到关键信息，得分为0。

（链接略）

【典例5】

编号为121938××的学生作答"The surface fires is different from fires burn for a long time…different from a long time,"，没有捕捉到关键信息，得分为0。

（链接略）

【总结】

本次考试这一题型的特点是读后回答而非听后回答，实际上在紧张的短文朗读后再回答问题对学生而言有一定难度，尤其是学生在60s有限的时间内既要准备朗读又要记录三个问题的答案，在记录关键信息的时候无法准确把握记录的内容。得分0-0.5分的学生共性问题是没有理解题目,答非所问,针对这部分学生能够采取的方法就是要进行刻意练习,多读多记,提高速记的能力。

(2)信息捕捉不完整/发音错误/语法表达错误。

【典例1】

编号为121838××的学生作答"The surface fires different from ground fires that lying or growing just able the ground.",漏了关键词信息burn、dead、dry plants,且above发音不准,导致失分。

(链接略)

【典例2】

编号为121861××的学生作答"Surface fires, on the other hand, burn in dead or dry plants that are or growing.",漏了关键词lying、above、ground,导致失分。

(链接略)

【典例3】

编号为121872××的学生作答"…Burn in dead or dry plants that are lying or growing just above the ground.",关键词捕捉完整,但关键词dead发音不准,导致失分。

(链接略)

【总结】

读后回答问题题型的难度在于:第一,学生在60s准备朗读时间里有熟悉短文,阅读3个问题和记录关键信息三个任务;第二,读后回答题型的题目可见,但是由于学生的准备时间有限,需要记录的信息较多,导致学生答题时遗漏关键点。学生存在的问题主要从缺乏答题技巧延伸出来,语篇的关键信息记录,题目表意的理解都是对学生综合能力的考查点,只记录到部分关键信息是大部分学生存在的问题,同时在该题中反映出来一个问题就是学生关键信息的发音不标准,针对这方面学生必须学会加强发音练习,这样才能在任何题目中游刃有余。

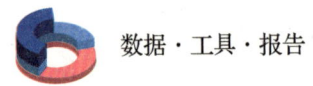

2. 听后记录题型共性问题

根据全区听后记录各小题平均分和得分率（表12-3）得知，本次考试听后记录得分均较低，下面根据学生答题中的错误类型分别对题目进行分析。

表12-3　听后记录各小题平均分与得分率

10-1-1题	10-2-1题	10-3-1题	10-4-1题
0.78	1.00	1.00	1.10
52.10%	66.84%	66.95%	73.05%

Text 10

Friendships have a huge impact on your mental health and happiness. Good friends provide comfort and joy. Here are a few tips to help you create strong friendships.

Firstly, create time together. Strong relationships do require staying in touch and spending meaningful time together. So, check in with your friend when you can. You can message them to let them know you're thinking of them. And if possible, schedule some time to simply hang out!

Another key to strengthening your friendships is being open and honest with your friends. You need to make sure to express how you feel, even those negative feelings like disappointment and discomfort. If you instead keep those feelings inside, you're likely to get mad at your friends. So, face your feelings openly to work out issues together.

Lastly, provide support. It's your job to be there for your friends and provide them with whatever they need, starting with support and comfort. Try to encourage them to do what will make them happy, like joining a new club or learning a new language.

Hope these tips can help.

How to Create Strong Friendships	
Create time together	·（15）_____ in with your friend when you can. ·Schedule some time to simply hang out.
Be open and（16）_____	· Make sure to express how you feel. · Face your feelings openly to work out issues together.
Provide（17）_____	· Be there for your friends and provide them with whatever they need. · Try to（18）_____ them to do what will make them happy.

答案：15. Check 16. honest 17. support 18. encourage

以下是通过技术提供的数据分析可知每道题学生犯错误类型都不同，主要错误类型和人数如表12-4所示，其余错误类型所占比例较小暂不做讨论：

表12-4 学生错误类型及人数分布

题号	10-1-1题	10-2-1题	10-3-1题	10-4-1题
正确答案	Check 1425人	honest 1828人	support 1831人	encourage 1998人
错误类型1	Checking 229人	未答 179人	sport 383人	未答 108人
错误类型2	Chat 182人	onist 40人	spot 63人	incourage 50人
错误类型3	check 163人	onest 34人	sports 47人	encouraged 32人
错误类型4	未答 61人	honist 16人	未答 46人	encourge 30人
错误类型5	Cheak 58人	oniest 16人	supports 27人	increage 20人
错误类型6	checking 32人	hounest 15人	suport 23人	incarage 20人
错误类型7	Chating 29人	ounist 13人	surpport 19人	incrage 17人

续 表

题号	10-1-1题	10-2-1题	10-3-1题	10-4-1题
错误类型8	Checken 28人	horest 10人	port 15人	incarege 15人
错误类型9	Cheaking 27人	aonist 10人	seport 14人	increase 12人

针对听后记录各小题学生错误统计结果可以看出学生在听与写当中存在如下问题：第一，学生在记忆单词过程中很可能采取的是死记硬背的策略，导致熟悉的单词不能根据发音拼写正确，譬如将honest拼写为onist，onest等；将support拼写为suport，surpport等；将encourage拼写为incourage，encourge等。第二，关于表达的规范性方面，需要学生注意单词本身是否需要首字母大写或句首字母是否大写，很多学生题10-1-1的Check因为C没大写而失分。

针对以上问题，老师在词汇教学过程中首先要关注学生的发音是否准确，其次要帮助学生学会根据单词的发音正确拼写单词，最重要的是老师要系统地教授学生记忆单词的策略和技巧，帮助他们在死记硬背的苦海中脱离出来，解决了学生记忆和读的问题后一定要让学生多听，完成以上工作后定期对学生进行单词运用的测试，帮助他们牢固记忆。

3.听后转述题型共性问题

听后转述满分9分，得分率为57.87%（表12-5），其中满分人数9人，在听取学生听后转述的音频后发现学生存在的问题主要在于单词发音不标准，信息捕捉不准确，听后转述完全按照听后记录表格内容，没有增加任何细节和逻辑衔接词。

第十二章　F区高二英语听说成绩分析报告

表12-5　听后转述平均分与得分率

第 11 题
5.21
57.87%

下面是学生典例：

111752××

（链接略）

121834××

（链接略）

121842××

（链接略）

121841××

（链接略）

121868××

（链接略）

总结：听后转述题型的难度并不是很高，因为在听后转述前有听后记录题型，很多关键信息都在听后记录的表格中，这在很大程度上降低了学生转述的难度。听后转述从两方面对学生作答内容进行评分，一方面关键信息点，另一方面作答内容的流利度、完整度以及语音语调的正确性。在听取学生作答音频后发现学生作答过程中普遍存在以下问题：①缺乏答题策略。如前面讲到的，听后转述题是在听后记录的基础上再听一遍来完成的，所以在完成听后记录过程中将关键信息记录在纸上，第三遍音频的时候进行串联和完整笔记，准备过程中再次完善，录音时发音准确、清晰的朗读出来即可；②对于故事情节整体把握比较弱，很多同学能够听懂故事但是不能根据自己的话进行转述或者转述过程中人称的变化不统一造成失分，所以老师在平时训练过程中首先让学生学会的是如何通过关键词把握故事情节，转述过程中统一人称和时态。

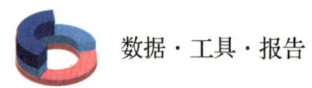

4. 听后选择题目共性问题

根据听后选择各小题得分率可知第 4 题、第 8-1 题和第 9-1 题得分率相对较低，所以重点分析这三道题（表 12-6）。

表12-6　听后选择各小题平均分与得分率

第1题	第2题	第3题	第4题	第5-1题	第5-2题	第6-1题
1.43	0.77	0.68	0.60	1.46	1.23	1.18
95.32%	51.26%	45.41%	40.11%	97.48%	82.16%	78.72%
第6-2题	第7-1题	第7-2题	第8-1题	第8-2题	第9-1题	第9-2题
0.81	0.94	0.76	0.27	0.94	0.36	0.94
54.08%	62.96%	50.86%	17.99%	62.71%	24.06%	62.82%

Text 4

W: It's getting late. I should probably head home.

M: Let's finish the movie. There are only 20 minutes left. I'll drive you home.

W: Okay, Uncle Shawn. Thanks for inviting me, though. The dinner was great.

M: The food is all your Aunt May's credit. We like having you over, Lynn. You should come by more often.

4. Where does the conversation most probably take place?

A. In a movie theatre.

B. In the man's house.

C. In a restaurant.

Text 8

W: So, how are you feeling now?

M: I'm so glad that the presentation is over. I was so worried and stressed out while planning for it.

W: I was so excited to see you give a speech. You did such a great job!

M: It's nice to hear that you enjoyed it. I just want to sit down and relax now. W: Did you get everything you needed from Ryan?

M: Yes, I was worried my computer wouldn't work with the equipment here. But everything worked out.

W: I can't believe you got all the details right.

M: Yeah, I spent days organizing the data and memorizing them. The only thing I struggled with was making eye contact with the audience. I was so nervous that I couldn't find anyone to look at.

W: It's normal to feel that way. You'll get used to it.

8-1. How is the man probably feeling now?

A. Nervous.

B. Pleased.

C. Worried.

Text 9

Scientists at the University of Liverpool have introduced a special lab co-researcher to the public for the first time. The special robot researcher has been working non-stop in their lab since 2020. It learns from its results to improve its experiments. "It can work on its own, so I can run experiments from home," said Dr. Burger, one of the developers. Such technology could make scientific discovery "a thousand times faster", scientists say. The robot scientist is currently doing tests on solar energy. But it could be used in the fight against disease according to Professor Andy Cooper, who has put the robot to work in his lab. Professor Cooper also said, "There are lots of problems such as climate change that need international cooperation. Our dream is that we might have robots like this all across the world, connected by a central brain that can be anywhere."

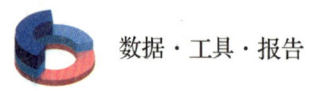

9-1. What is the main topic of the talk?

A. A lab for robot scientists.

B. A scientist building robots.

C. A robot helping scientists.

第 4 题作答情况：B（1097），A（878），C（722），未答（38）

第 8-1 题作答情况：B（492），C（2027），A（212），未答（4）

第 9-1 题作答情况：C（658），A（1634），B（440），未答（3）

第 4 题是一道推理判断题，学生失分频率较高。根据全文内容可知，女士的舅舅让女士看完电影再回家，并且阿姨做了很好吃的晚饭，舅舅让女士经常来拜访，可知，女士在男士的家里，故答案选 B。

第 8-1 题是一道观点与态度题，学生失分频率较高。该题中根据男士"I'm so glad that the presentation is over."可知，男士很高兴演讲结束了，故答案选 B。这里需要做一个同义替换，glad 和 pleased 都是高兴的意思。

第 9-1 题是一道主旨与要义题，对学生辨别主旨大意提出非常高的要求，但是一般文章的主旨大意都在语篇开头或者结尾，根据文章第二句"The special robot researcher has been working non-stop in their lab since 2020."——"这位特殊的机器人研究人员自 2020 年以来一直在他们的实验室中不停地工作。"，后文都围绕这句话展开，讲述这个机器人是如何帮助科学家的，故答案选择 C。

【总结】

听后选择题型是听说考试的基础，不同于听后记录它有既定的选型供学生选择，即使学生没有听懂内容随便选一个也有 33.33% 的正确率，所以教师要强调让学生避免不作答。听后选择的题型有四大类，即事实细节题，推理判断题，观点与态度和主旨大意题，其中事实细节题和推理判断题考频和概率较大，难度也会根据材料的组织特点不同，但是也有规律可循，如果在日常练习中进行分类针对性训练可以短时间内提高，关键要选择难度适宜，对标高考的材料，必要时候可以借助有效的线上智能产品进行专项训练。

5. 短文朗读题型共性问题

Text 11

A wildfire is an uncontrolled fire that burns in the wildland plants, often in dry areas. Ground fires typically start in soil thick with things like plant roots to feed the fire. Ground fires can burn slowly for a long time, even an entire season, until conditions are suitable for them to spread to a surface. Surface fires, on the other hand, burn in dead or dry plants that are lying or growing just above the ground.

Wildfires can cause damage to property and human life. They are so damaging for several reasons. First, they are incredibly hard to contain. At the same time, it is impossible to place firefighters in the middle of a fire. Finally, the dry climate provides plenty of burning materials.

短文朗读满分 8 分，得分率为 67.88%（表 12-7），满分 249 人，整体作答较佳，仍然有提升空间，在听取学生短文朗读的音频后对学生存在的共性问题作如下分析：

表12-7　短文朗读平均分与得分率

第 12 题
5.43
67.88%

（1）作答不完整。

121873××

（链接略）

121879××

（链接略）

（2）发音不标准、不清楚、朗读无节奏。

121938××

（链接略）

121883××

（链接略）

121877××

（链接略）

121818××

（链接略）

121873××

（链接略）

总结：短文朗读的评分标准包含两个方面：语音语调标准和语速内容标准，语音语调标准主要包括发音、语调和流畅度，语速内容主要包括朗读语速以及朗读内容完整度。从学生短文朗读音频可知学生在短文朗读方面存在以下问题：①学生单词发音非常薄弱，不能够通过音标正确拼读单词，基础单词不能正确发音和朗读，高中课程中是否需要预留一定的课堂时间进行音标学习是一个值得思考的问题；②得分较低的同学除了单词发音存在较多问题外，短文朗读过程全无节奏感，没有停顿，考试过程中有 90 s 的录音时间，所以学生不必太过急于完成朗读而不停顿，也要注意在规定时间内完成朗读。

（二）教学建议

1. 题型练习建议

（1）听后选择。听后选择是学生得分率最高的板块，它主要考查在有限的阅题时间内快速提取题干和选项关键信息的能力。该板块学生的问题主要在于题目信息处理不当、听力信息抓取与处理能力不够，如不理解题目大意和选项、听不到关键信息、看不懂题目、转折信息没听懂、信息抓取错误、提问对象混淆等。建议学生在平时训练时可以采取听前预读、抓关键词、快读笔记的技巧，比如听前预读我们应该做到读题干、懂大意，找出 where，why，how much 等涉及人名、地名、时间、数字等方面的关键词，方便学生定位听力材料中的信息，具体的应试技巧我们也会在课上带学生反复应用。

（2）听后记录。听后记录题型难度较大，是学生的丢分最严重的板块。该板块主要考查学生信息听记与处理的能力，要求学生能够读懂并理解表格信息，能够结合题干定位听力材料中的答案，同时也要求学生具备一定记笔记的能力。该板块学生的问题在于表格信息处理不当、短文信息抓取不当、短文信息处理失分，如不理解表格或句子短语大意、记不住内容、抓不到或抓错关键信息，或填错信息位置等。建议在前 1 分钟的阅题时间内，充分理解表格信息，关注留空部分所在的短语或句子，采用题干定位法定位答案——利用空格前面的几个单词定位答案。当录音读到这几个单词时，接下来的内容很可能就是答案。

（3）听后转述。听后转述学生相对得分率较低，它主要考查学生连词成句的能力。该板块学生的问题在于转述时要点信息是未抓取到，出现原文中没有的信息，单词发音不标准，时态、人称和数有问题，出现卡顿、上下文意思不连贯等。学生在平时叙述前应将短文流畅地叙述一遍，如果遇到不会组织的地方，不宜停顿太久，应立刻用自己最熟悉、最有把握的句型把要点说出来。叙述时要保证全篇人称、时态、数的问题要一致，多练习，对比出错的点，然后纠正。

（4）短文朗读。短文朗读题型难度中等，考查学生基础发音、连读、语音语调、意群停顿等朗读技巧的能力。该板块学生的问题出在准确度、流畅度和完整度方面。准确度的失分点在于加音、吞音、辅音不到位、元音不饱满、重音错位等发音问题；在流畅度的失分点在于不能正确运用连读、失去爆破、意群停顿、语调、节奏等朗读技巧；在完整度的失分点在于发音没把握、语速过慢等问题。比如，学生经常混淆长元音和

短元音 [iː] 和 [I]，如 sit，seat；双元音发音不到位，混淆 [æ] 和 [ai]，如 back，bike；混淆 [s] 和 [θ]，把 think 读成 sink 等。平时训练时应积累自己易错的单词，并找出错误类型，如加音、吞音、辅音不到位、元音不饱满等问题；尽量 不要大量使用连读；注意划分节奏、实词重读、虚词弱读、划分意群、适当停顿。

（5）读后回答。读后回答部分难度较大，主要考查学生们信息提取的能力、规范表达的能力和听力理解能力。该板块学生的问题在于听不懂问题、语音错误、意思表达不完整、信息抓取错误、关键信息抓取量不足或者无法还原信息等。很多同学在做完整回答时往往会出现语法错误问题，在机器评分过程中会识别为错误信息。学生在面对这类题时，应学会在阅读时间内捕捉可能的关键信息，并做好简短笔记，并在准备作答时间内迅速对自己捕捉的可能关键信息进行整理，在录音作答时要自信大声清晰地朗读自己的答案。

2. 课堂教学建议

（1）应对北京高考改革，在听力学习过程中，要强调让学生听、朗读、记忆并书写词汇，学习语法、语音语调，培养大声朗读和背诵短文的习惯（每天至少 15 分钟）；

（2）听说考试指向性训练——灌输，渗透在平时教学过程中；

（3）提高师生互动频率、提高学生参与度，组建听说小组；

（4）条件允许，设立专门听说课程；

（5）选用合适的教育产品降低老师教学负担，帮助学生自主练习。

听说课解决方案如下。

（1）高一，重点在于夯实学生基础能力，包括单词发音、拼写规律、句子语音语调、捕捉关键信息能力、语言组织能力等；

课前：预习。听读课文和单词，标记生词。

课堂：开学初期系统学习语音语调知识，磨刀不误砍柴工，中后期可以重点系统讲解获取关 键信息的技巧和方法，并进行对应练习。多模态（视频、音频、图片、歌曲、TED 演讲）课前导入，将听后选择、听后记录、听后转述、短文朗读、读后回答等题型考查的语音语调、捕捉关键信息和语言组织各项能力融入课堂内容中，课前导入的内容结合每节课重点知识点讲解，引导学生开口读、说，动手写，并且用实例引导学生应用，最终达到传播知识的目的。

课后：要求学生背诵单词、课文、组织各小组之间配音或其他比赛。

寒暑假：听说不分家，能够顺利说的前提是听得懂，有的说，所以建议学生在高一阶段寒暑假使用天学英语听说培优产品夯实听说基础。听说培优产品从过程诊断训练、微技能、模拟训练和模拟测试、错题本、生词本和纠音几个方面对学生存在的语音语调问题、信息捕捉问题进行全方位一网打尽。天学英语产品教研中心根据各班学情制定教学方案，助教帮助老师督促学生完成每天的学习任务，助教根据学生作答情况进行督促和检查，帮助老师减轻负担，老师根据助教提供的数据报告，对学生进行针对性指导，助教、老师、家长配合帮助学生实现听说能力提升。

阶段性模拟测试：阶段性进机房完成模拟测试，发现学生存在的问题，并及时给予指导。

（2）高二，重点在于进行提升训练，加强速记能力，结合高一年级积累的捕捉关键信息能力、语言组织的能力和语音语调的能力引导学生开口说，采用过程性训练帮助学生完成故事复述，在此基础上进行套题训练。教学过程同高一；

（3）高三，重点在于进行套题训练，查漏补缺，增加学生上机频率，根据学生情况进行疑难点讲解。

第四部分　案例

第十三章　数据支撑的区域整体学业质量分析

一、坚持素养导向，落实育人变革[①]

北京 2017 年启动高考综合改革，2020 年正式实施，2022 年第一轮收官。高考改革取得了很好成效，立德树人的导向达到了制度化的水平，引导教育教学与服务高等学校选才的双重任务得到了进一步的协调，试卷整体结构与命题的专业性水平不断提高，高考改革与课程改革形成了良好的互动。坚持素养导向，推进育人方式变革成为实现教育高质量发展的一个重要路径。

在"一核四层四翼"评价体系以及国家系列相关文件的引领下，高考经历了 2020 年的"变"（依据变、导向变、科目变、考试时间变、录取变），2021 年的"稳"（形式稳、导向稳、教材稳、内容进），2022 年的"进"（教材新，双减政策新，内容持续改进，形式不断创新，质量不断提高），真正从"三新一旧"过渡到完全意义上的"四新"。

[①] 此案例部分内容来源于 F 区教师进修学校中学研修处 Z 主任发言。

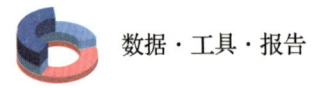

（一）命题特点

2022年是"双减"政策发布之后的第一次高考，也是新高考与新教材结合的第一年。命题整体上体现时代主题，服务"双减"，紧扣课程标准教材，考查学生思维品质，引导学生全面发展。

1. 落实立德树人，将显性考查和隐性教育相结合

一是铸魂育人，如政治试题中融入党的百年奋斗重大成就和历史经验，弘扬伟大建党精神；历史试题突出对党史和革命史的考查等。二是体现时代主题，如物理和化学试题中的"天宫课堂"，数学、生物中的冬季奥林匹克运动会和冬季残疾人奥林匹克运动会，地理中的生态文明建设等。三是彰显五育并举，渗透德育、美育、体育、劳动教育，如数学试卷第18题以学生熟悉的校运动会体育比赛为背景，渗透体育教育；政治试卷第2题通过对我国劳模表彰制度的历史探索，渗透劳动教育等。

2. 紧扣课程标准和教材，体现双减

试题紧扣课程标准，加大了从教材中选取素材的比例，尤其是语文、历史和政治这些统编教材，如历史中优化教材中的史料、地图及课后思考题（2、16和20题）。重基础与主干知识的考查，如物理第1题考查应用玻尔理论解释氢原子能级跃迁问题，第4题考查理想变压器的原理等。材料在外，答案在内；起点高，落点低；以生考熟。引导教学要"纲举目张"，"少而精"。

3. 加强对学科思想和学科整体性思维的考查

从学科整体意义和思想价值的高度立意，有效检测学生对基层知识和基本思想方法的掌握，从多元性、关联性、层次结构性等方面考查问题解决的能力。面对新高考，依旧靠刷题训练解题能力，忽视知识的形成过程，必然产生诸多的不适应。如数学的第19题（Ⅱ）考查数形结合思想，第11和第14题考查了函数与方程思想，第10题体现的是化归与转化思想，第18题考查了概率统计的思想，第21题（Ⅲ）考查了分类讨论思想。

第十三章 数据支撑的区域整体学业质量分析

4. 在解决现实问题中考查学科核心素养，考查思维品质和创新能力

这个在各个学科中都有体现，让学生切实感受到学科的价值和作用。只有教学与现实生活、与生产和社会有机融合，学生才能够切实感受到学科的价值和作用。这样的课堂教学才能顺应学生的知识和情感脉络，使学生在习得理论知识的同时，形成对待生活中各种问题的良好的情感、态度、价值观。

5. 命题凸显开放性和选择性

一是通过给定多个题目让学生从中选择，二是通过创新题型，设计条件或结论开放、解题方法多样、答案不唯一的试题的方式，体现试题的选择性和开放性。三是倡导学生多角度、多视点、多层次、多途径、多方法解决问题，它的命题立意深刻，设问开放，作答灵活，评分尊重学生的创新意识，张扬学生的个性。

6. 命题引导学生品味生活，思考社会和人生

试题引导学生不是单纯的读死书，死读书，而要关注生活，关注社会，关注人生。鼓励学生有自己的思考、想法和观点。如语文大作文第（2）题以"在线"为题，导语中提到"网络时代"和"疫情期间"，提示学生要联系、思考时代特征和自身经验，引导考生以"经历与见闻"为素材依据，通过叙事的方式，表达自己的具体生活经历与感受体验。

7. 命题体现北京特色，引发考生共鸣

如语文文学作品阅读《这城市已融入我的生命》取材于谢冕先生的散文，文章展现了考生们熟悉的北京的饮食、风物与生活情调。政治试题聚焦首都发展的大事、喜事、盛事，体现鲜明的北京城市风貌和"双奥之城"的澎湃活力。第5题以北京2022年冬奥会、冬残奥会的遗产规划管理为主题，让学生理解冬奥遗产如何为奥林匹克运动发展贡献北京智慧。

（二）数据分析

1. 整体质量分析

（1）全区情况。从 2020 到 2022 三年对比来看，2021 年特招上线率和文化本科上线率都达到了一个峰值。2022 年特招上线率基本做到了学校全覆盖（以文化本统计），基本呈现的是学校一个正常的发展态势。

（2）各校 M-S 图。M-S 图（平均分-标准差图）反映的是各学校学生成绩的集中程度。图中的每个小圆点代表了参加本次考试学校所处的位置，横坐标是本次测试学校学生总体成绩的标准差，越往右，离散程度越大，学生成绩的差异性越大；纵坐标是学校学生总体成绩的平均分，越往上，该校总体平均成绩越高。中间红色标准线为区域总体成绩的平均分和标准差。可见 9 所学校分别落在四个象限，如图 13-1 所示，学校分类如表 13-1 所示。

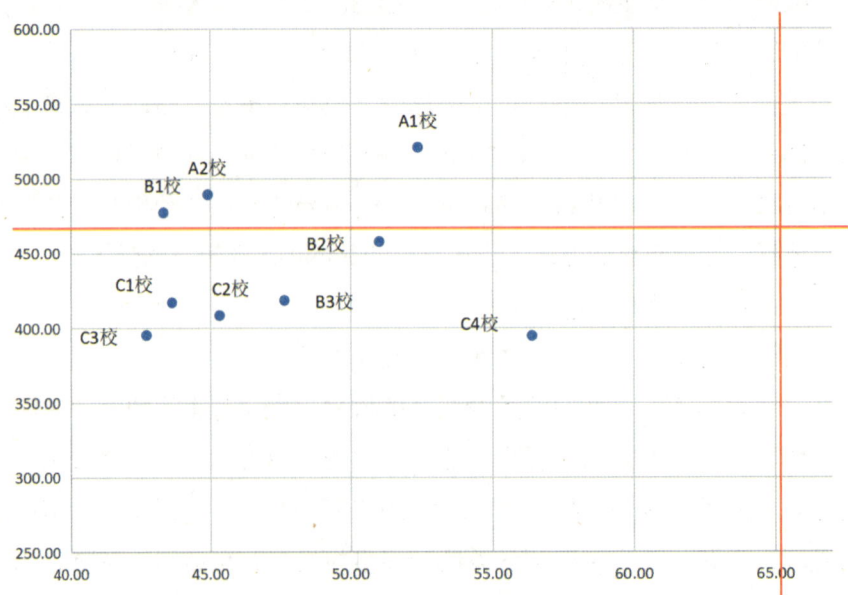

图 13-1 全区各高中校平均分（M）-标准差（S）图

表13-1　学校分类

象限	象限描述	2022年
第一象限	总体成绩良好，但学生成绩的差异性较大	
第二象限	总体成绩良好，且学生成绩的差异性较小	A1校、A2校、B1校
第三象限	总体成绩较低，且学生成绩的差异性较小	B2校、B3校、C1校、C2校、C3校、C4校
第四象限	总体成绩偏低，且学生成绩的差异性较大	

（3）学科质量分析。

①F区与郊区整体的学科得分率比较。为诊断各学科的相对水平，这里采用学科得分率来表示学科成绩的相对高低。学科得分率的计算方法为：学科得分率 = 各科平均分 / 各科满分。例如，全区语文得分率 = 全区语文平均分 /150。（此部分数据来源于北京市教育考试院数据）下表将F区各学科的得分率与郊区整体进行对比。从表13-2中结果可以看出，F区各学科成绩、得分率与郊区整体进行对比，从中可以看出，历史成绩超郊区水平；历史、地理、语文三科得分率与郊区持平。

表13-2 F区与郊区整体的学科得分率比较

	语文		数学		英语		物理		化学		生物		历史		地理		思想政治	
	成绩	得分率	成绩	得分率	成绩	得分率	成绩	得分率	成绩	得分率	成绩	得分率	成绩	得分率	成绩	得分率	成绩	得分率
F区	90.37	0.60	91.44	0.61	88.34	0.59	53.33	0.57	44.78	0.49	52.56	0.55	56.48	0.61	58.34	0.62	57.02	0.62
郊区整体	90.68	0.60	92.51	0.62	91.56	0.61	54.11	0.58	49.96	0.54	54.72	0.58	56.44	0.61	58.66	0.62	58.02	0.63
差值（F区－郊区）	-0.31	0	-1.07	-0.01	-3.22	-0.02	-0.78	-0.01	-5.18	-0.05	-2.16	-0.03	0.04	0	-0.32	0	-1	-0.01

② 2021-2022 年 F 区与郊区整体的学科得分率差值比较。比较了 2022 年、2021 年 F 区与郊区整体的各学科的得分率差值，用该指标来表示学科的进步度。得分率差值为正（单元格标绿），表示该学科的相对水平有提升；得分率差值为负（单元格标红），表示该学科的相对水平有下降。

通过 2021-2022 年 F 区各学科得分率与郊区相比，历史、地理、物理有所提升。语文、数学、英语、化学、政治持平，生物略有下降（表 13-3）。

通过 2020-2021-2022 年 F 区各学科得分率差值相比，物理三年持续提升；历史 2020-2021 持平，2022 进步幅度较大；地理波动提升；语文 2021 年提升，2022 年持平；数学、英语和政治三年持平，化学和生物略有下降（表 13-4）。

表13-3　2021-2022年F区与郊区整体的学科得分率差值比较

		语文	数学	英语	物理	化学	生物	历史	地理	思想政治
2022 年	F 区	0.60	0.61	0.59	0.57	0.49	0.55	0.61	0.62	0.62
	郊区整体	0.60	0.62	0.61	0.58	0.54	0.58	0.61	0.62	0.63
	差值（F 区 - 郊区）	0	−0.01	−0.02	−0.01	−0.05	−0.03	0	0	−0.01
2021 年	F 区	0.60	0.58	0.61	0.56	0.49	0.55	0.60	0.61	0.62
	郊区整体	0.60	0.59	0.63	0.58	0.54	0.57	0.62	0.63	0.63
	差值（F 区 - 郊区）	0	−0.01	−0.02	−0.02	−0.05	−0.02	−0.02	−0.02	−0.01
	进步幅度	0	0	0	0.01	0	−0.01	0.02	0.02	0

表13-4　2020-2022年F区与郊区整体的学科得分率差值

		语文	数学	英语	物理	化学	生物	历史	地理	思想政治
2022 年	差值（F 区 - 郊区）	0	−0.01	−0.02	−0.01	−0.05	−0.03	0	0	−0.01
2021 年	差值（F 区 - 郊区）	0	−0.01	−0.02	−0.02	−0.05	−0.02	−0.02	−0.02	−0.01
2020 年	差值（F 区 - 郊区）	−0.01	−0.01	−0.02	−0.04	−0.04	−0.02	−0.02	−0.01	−0.01

③各高中校的学科得分率。这部分分析对象为具有高考成绩的学生（排除缺考考生），标绿的为学校的学科平均分高于所在群组的均分。除了 A1 校、B1 校和 C1 校这五个学科超出群组均分之外，B2 校的物理和化学、C2 校的英语、C4 校的物理和化学高于群组的均分。

在生物、历史、地理和政治这四个学科中，A1 校、B1 校和 C2 校高于群组的均分。三类校中这四个学科相对有一定的优势（表13-5）。

表13-5 各高中校的学科得分率统计

学校	语文		数学		外语		物理		化学	
	平均分	得分率	平均分	得分率	平均分	得分率	平均分	得分率	平均分	得分率
A1 校	99.27	0.66	101.32	0.68	101.39	0.68	71.75	0.72	68.83	0.69
A2 校	96.20	0.64	95.71	0.64	91.37	0.61	68.36	0.68	63.39	0.63
A 类校	98.72	0.66	100.32	0.67	99.60	0.66	71.21	0.71	67.77	0.68
B1 校	90.95	0.61	94.97	0.63	90.74	0.60	65.30	0.65	62.70	0.63
B2 校	88.06	0.59	88.45	0.59	85.46	0.57	65.96	0.66	59.92	0.60
B3 校	83.23	0.55	80.43	0.54	78.00	0.52	55.26	0.55	55.87	0.56
B 类校	88.12	0.59	89.42	0.60	85.97	0.57	62.40	0.62	59.81	0.60
C1 校	86.86	0.58	83.10	0.55	72.40	0.48	59.24	0.59	58.00	0.58
C2 校	81.27	0.54	75.36	0.50	70.53	0.47	54.31	0.54	52.79	0.53
C3 校	78.81	0.53	75.56	0.50	69.00	0.46	54.40	0.54	48.67	0.49
C4 校	82.14	0.55	69.31	0.46	67.89	0.45	57.92	0.58	54.66	0.55
C 类校	82.79	0.55	75.73	0.50	70.15	0.47	57.04	0.57	54.59	0.55
全区	91.26	0.61	91.23	0.61	88.46	0.59	66.03	0.66	62.09	0.62

续 表

学校	生物		历史		地理		政治	
	平均分	得分率	平均分	得分率	平均分	得分率	平均分	得分率
A1校	70.86	0.71	77.55	0.78	74.90	0.75	77.94	0.78
A2校	67.40	0.67	72.73	0.73	71.54	0.72	70.16	0.70
A类校	70.27	0.70	76.66	0.77	74.30	0.74	76.21	0.76
B1校	64.20	0.64	69.85	0.70	70.91	0.71	69.57	0.70
B2校	63.14	0.63	68.01	0.68	65.42	0.65	67.25	0.67
B3校	57.59	0.58	66.74	0.67	62.71	0.63	60.57	0.61
B类校	62.03	0.62	68.61	0.69	67.59	0.68	66.35	0.66
C1校	52.71	0.53	61.60	0.62	56.78	0.57	63.13	0.63
C2校	55.09	0.55	64.04	0.64	61.29	0.61	64.97	0.65
C3校	54.50	0.55	59.89	0.60	56.17	0.56	64.92	0.65
C4校	55.55	0.56	57.34	0.57	58.89	0.59	63.25	0.63
C类校	54.17	0.54	61.35	0.61	59.27	0.59	63.93	0.64
全区	64.70	0.65	69.43	0.69	68.15	0.68	68.34	0.68

表13-6、表13-7比较了2022年、2021年各校各学科与区得分率的差值，用该指标来表示学科的进步度。（2022年—2021年）得分率差值为正，表示该学科的相对水平有提升；（2022年—2021年）得分率差值为负，表示该学科的相对水平有下降。如B2校的物理增值为0.05、C1校的数学为0.04，A1校的政治为0.04。

表13-6 各校的学科得分率与全区差值比较（1）

学校	语文			数学			外语			物理			化学		
	2022年	2021年	差值	2022年	2021年	差值	2022年	2021年	差值	2022年	2021年	差值	2022年	2021年	差值
A1校	0.05	0.05	0.00	0.07	0.11	-0.04	0.09	0.10	-0.01	0.06	0.09	-0.03	0.07	0.07	0.00
A2校	0.03	0.03	0.00	0.03	0.07	-0.04	0.02	0.04	-0.02	0.02	0.04	-0.02	0.01	0.06	-0.05
A类校	0.05	0.04	0.01	0.06	0.10	-0.04	0.07	0.08	-0.01	0.05	0.08	-0.03	0.06	0.07	-0.01
B1校	0.00	0.03	-0.03	0.02	0.06	-0.04	0.01	0.05	-0.04	-0.01	0.03	-0.04	0.01	0.04	-0.03
B2校	-0.02	-0.01	-0.01	-0.02	-0.05	0.03	-0.02	-0.02	0.00	0.00	-0.05	0.05	-0.02	-0.05	0.03
B3校	-0.06	-0.04	-0.02	-0.07	-0.11	0.04	-0.07	-0.06	-0.01	-0.11	-0.08	-0.03	-0.06	-0.06	0.00
B类校	-0.02	-0.01	-0.02	-0.01	-0.03	0.02	-0.02	-0.01	-0.02	-0.04	-0.03	-0.01	-0.02	-0.01	-0.01
C1校	-0.03	-0.05	0.02	-0.06	-0.10	0.04	-0.11	-0.05	-0.06	-0.07	-0.07	0.00	-0.04	-0.06	0.02
C2校	-0.07	-0.04	-0.03	-0.11	-0.12	0.01	-0.12	-0.11	-0.01	-0.12	-0.13	0.01	-0.09	-0.12	0.03
C3校	-0.08	-0.07	-0.01	-0.11	-0.09	-0.02	-0.13	-0.11	-0.02	-0.12	-0.11	-0.01	-0.13	-0.09	-0.04
C4校	-0.06	-0.06	0.00	-0.15	-0.14	-0.01	-0.14	-0.09	-0.05	-0.08	-0.05	-0.03	-0.07	-0.10	0.03
C类校	-0.06	-0.05	-0.01	-0.11	-0.11	0.00	-0.12	-0.09	-0.03	-0.09	-0.09	0.00	-0.07	-0.09	0.02

第十三章　数据支撑的区域整体学业质量分析

表13-7　各校的学科得分率与全区差值比较（2）

学校	生物 2022年	生物 2021年	生物 差值	历史 2022年	历史 2021年	历史 差值	地理 2022年	地理 2021年	地理 差值	政治 2022年	政治 2021年	政治 差值
A1校	0.06	0.07	-0.01	0.09	0.09	0.00	0.07	0.08	-0.01	0.10	0.06	0.04
A2校	0.02	0.03	-0.01	0.04	0.08	-0.03	0.04	0.01	0.03	0.02	0.05	-0.03
A类校	0.05	0.06	-0.01	0.08	0.09	-0.01	0.06	0.06	0.00	0.08	0.06	0.02
B1校	-0.01	0.03	-0.04	0.01	0.05	-0.04	0.03	-0.02	-0.03	0.02	0.04	-0.02
B2校	-0.02	-0.05	0.03	-0.01	0.00	-0.01	-0.03	-0.06	-0.02	-0.01	-0.01	0.00
B3校	-0.07	-0.06	-0.01	-0.02	-0.05	0.03	-0.05	0.00	0.01	-0.07	-0.05	-0.02
B类校	-0.03	-0.03	0.00	0.00	0.00	0.00	0.00	0.00	0.00	-0.02	0.00	-0.02
C1校	-0.12	-0.08	-0.04	-0.07	-0.06	-0.01	-0.11	-0.11	0.00	-0.05	-0.05	0.00
C2校	-0.10	-0.09	-0.02	-0.05	-0.05	0.00	-0.07	-0.07	0.00	-0.03	-0.02	-0.01
C3校	-0.10	-0.12	0.02	-0.09	-0.04	-0.05	-0.12	-0.08	-0.04	-0.03	-0.08	0.05
C4校	-0.09	-0.05	-0.04	-0.12	-0.08	-0.04	-0.09	-0.08	-0.01	-0.05	0.00	-0.05
C类校	-0.11	-0.09	-0.02	-0.08	-0.06	-0.02	-0.09	-0.08	-0.01	-0.04	-0.03	-0.01

表13-8、表13-9比较了2020—2022年各校的学科得分率与全区的差值。如其中A2校的语文、C1校的化学、C4校的化学，呈现持续上升。C3校的政治呈现持续上升趋势。

表13-8 2020—2022年各校的学科得分率与全区的差值（1）

学校	语文			数学			外语			物理			化学		
	2022年	2021年	2020年	2022年	2021年	2020年	2022年	2021年	2020年	2022年	2021年	2020年	2022年	2021年	2020年
A1校	0.05	0.05	0.06	0.07	0.11	0.10	0.09	0.10	0.12	0.06	0.09	0.11	0.07	0.07	0.10
A2校	0.03	0.03	0.02	0.03	0.07	0.03	0.02	0.04	0.04	0.02	0.04	0.01	0.01	0.06	0.02
A类校	0.05	0.04	0.05	0.06	0.10	0.08	0.07	0.08	0.10	0.05	0.08	0.09	0.06	0.07	0.08
B1校	0.00	0.03	0.03	0.02	0.06	0.05	0.01	0.05	0.03	−0.01	0.03	0.01	0.01	0.04	0.02
B2校	−0.02	−0.01	0.00	−0.02	−0.05	0.02	−0.02	−0.02	−0.01	0.00	−0.05	−0.02	−0.02	−0.05	−0.03
B3校	−0.06	−0.04	−0.05	−0.07	−0.11	−0.04	−0.07	−0.06	−0.06	−0.11	−0.08	−0.05	−0.06	−0.06	−0.06
B类校	−0.02	−0.01	0.00	−0.01	−0.03	0.01	−0.02	−0.01	−0.01	−0.04	−0.03	−0.02	−0.02	−0.01	−0.02
C1校	−0.03	−0.05	−0.04	−0.06	−0.10	−0.06	−0.11	−0.05	−0.05	−0.07	−0.07	−0.06	−0.04	−0.06	−0.07
C2校	−0.07	−0.04	−0.05	−0.11	−0.12	−0.08	−0.12	−0.11	−0.05	−0.12	−0.13	−0.08	−0.09	−0.12	−0.07
C3校	−0.08	−0.07	−0.06	−0.11	−0.09	−0.18	−0.13	−0.11	−0.12	−0.12	−0.11	−0.14	−0.13	−0.09	−0.12
C4校	−0.06	−0.06	−0.06	−0.15	−0.14	−0.16	−0.14	−0.09	−0.12	−0.08	−0.05	−0.07	−0.07	−0.10	−0.12
C类校	−0.06	−0.05	−0.05	−0.11	−0.11	−0.12	−0.12	−0.09	−0.09	−0.09	−0.09	−0.09	−0.07	−0.09	−0.09

第十三章 数据支撑的区域整体学业质量分析

表13-9 各高中校的学科得分率与全区的差值（2）

学校	生物			历史			地理			政治		
	2022年	2021年	2020年	2022年	2021年	2020年	2022年	2021年	2020年	2022年	2021年	2020年
A1校	0.06	0.07	0.11	0.09	0.09	0.10	0.07	0.08	0.09	0.10	0.06	0.06
A2校	0.02	0.03	0.04	0.04	0.08	0.05	0.04	0.01	0.05	0.02	0.05	0.06
A类校	0.05	0.06	0.09	0.08	0.09	0.09	0.06	0.06	0.08	0.08	0.06	0.06
B1校	-0.01	0.03	0.01	0.01	0.05	0.05	0.03	0.06	0.04	0.02	0.04	0.05
B2校	-0.02	-0.05	-0.04	-0.01	0.00	0.01	-0.03	-0.02	-0.02	-0.01	-0.01	0.02
B3校	-0.07	-0.06	-0.02	-0.02	-0.05	-0.04	-0.05	-0.06	-0.03	-0.07	-0.05	-0.02
B类校	-0.03	-0.03	-0.01	0.00	0.00	0.00	0.00	0.00	0.00	-0.02	0.00	0.01
C1校	-0.12	-0.08	-0.05	-0.07	-0.06	-0.04	-0.11	-0.11	-0.06	-0.05	-0.05	-0.04
C2校	-0.10	-0.09	-0.08	-0.05	-0.05	-0.05	-0.07	-0.07	-0.04	-0.03	-0.02	-0.01
C3校	-0.10	-0.12	-0.11	-0.09	-0.04	-0.08	-0.12	-0.08	-0.06	-0.03	-0.08	-0.09
C4校	-0.09	-0.05	-0.09	-0.12	-0.08	-0.10	-0.09	-0.08	-0.08	-0.05	0.00	-0.11
C类校	-0.11	-0.09	-0.08	-0.08	-0.06	-0.07	-0.09	-0.08	-0.06	-0.04	-0.03	-0.06

2.增值分析

（1）数据源。

①历次考试学生成绩册与高考成绩为总数据源，学科考试使用原始分，总分使用赋分后的成绩。

②历次综合考试名称：初高贯通考，高一上期末，高二下期末，高三上入学，高三上期末，高三一模，高三二模，高考。

（2）数据清洗与处理。

①将高考成绩、历次考试学生成绩册成绩中所有分数（学科、赋分总分）为零的成绩替换为空值，选取考试名称、学科、成绩、学校、教育ID、姓名为数据源，以学生的教育ID为识别学生的唯一标识。

②以参加高考的学生为基准，回溯历次考试学生成绩册中的所有分数（学科、赋分总分），删除未参加高考的学生在历次考试学生成绩册中的成绩，并以此为基准计算学校参加考试人数、学生的区县T分数。

（3）学校总分增值分析。为了对各高中校的高三备考过程性变化进行纵向分析，我们采用了标准分这一指标，其意义在于可以排除各次考试难度的影响，能够客观地比较多次考试成绩的相对高低。以参加高考的学生为基准，比较了这届学生八次考试的变化情况。为了便于观察，我们将其转化为T分，$T=10*Z+50 \in (20, 80)$。图13-2展示了各学校历次考试的T分数，图中同一条折线上的各点代表各次考试在全区的相对水平。

第十三章　数据支撑的区域整体学业质量分析

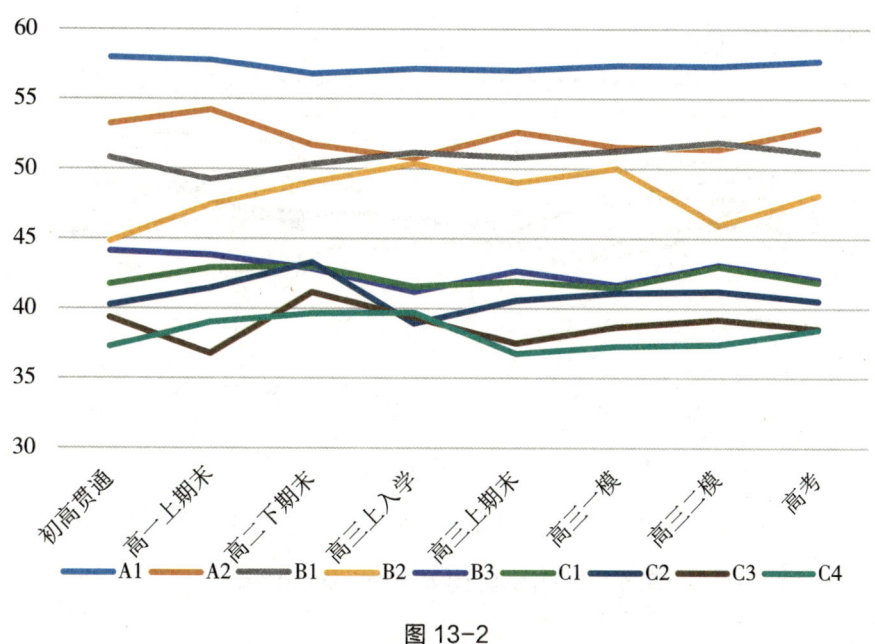

图 13-2

从这个图表可以看出，A1、A2 和 B1 整体上是在高位运行，且保持平稳；B2 上升幅度较大。

（4）学科增值分析。各校三年历次考试学科 T 分数变化可以看出各校各学科成绩的变化趋势，图 13-3～图 13-5 显示了各校学科 T 分数变化趋势图。（以语文、数学、英语学科为例）

数据·工具·报告

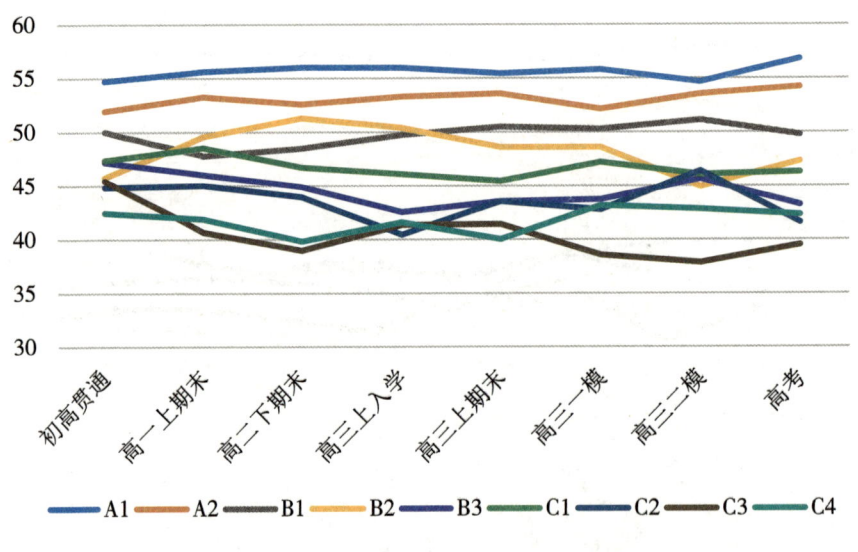

图 13-3　各校语文学科 T 分数变化趋势图

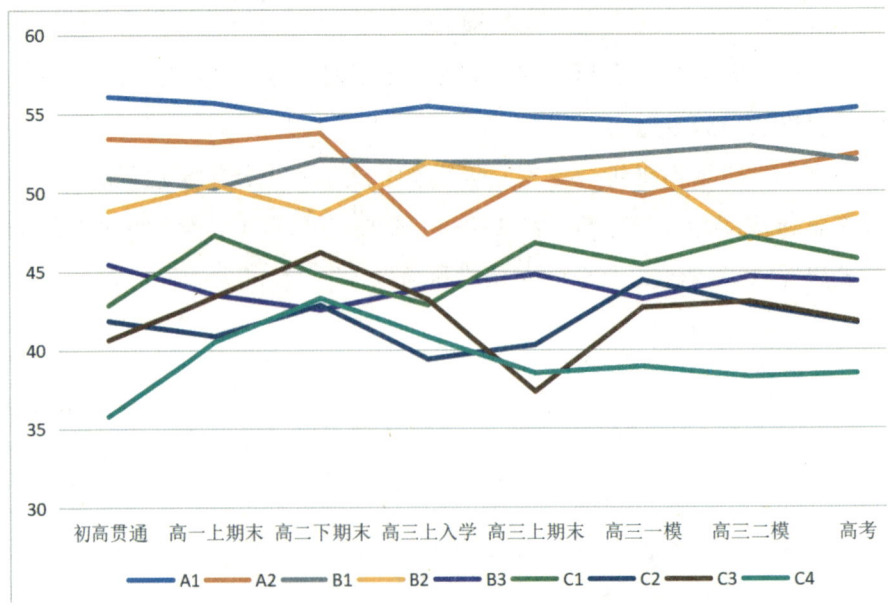

图 13-4　各校数学学科 T 分数变化趋势图

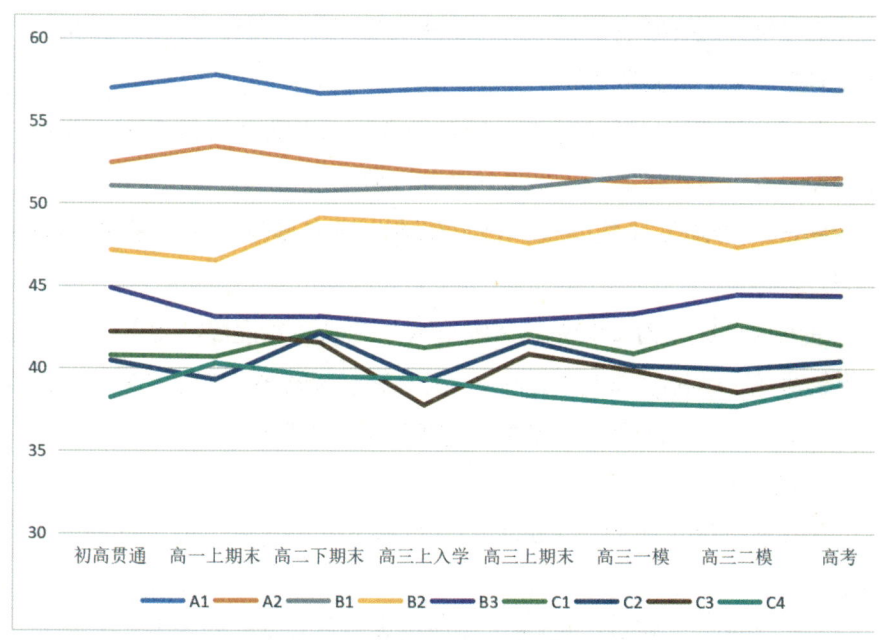

图 13-5　各校英语学科 T 分数变化趋势图

（5）备考反思。

①初步结论。

区域层面：从 2020-2022 年三年的整体成绩看，2021 年达到了峰值，取得了历史性的突破，2022 年特招上线人数做到了学校全覆盖。三年来，区文化本上线情况稳定。

学校层面：多元育人样态逐步彰显，文化本、艺体本、自主招生等多元培养，一定程度上满足了不同类型学生发展的需求，找到适合各自的发展路径。

学科层面：学科发展呈现多样态，一些学科呈现持续增长态势，一些学科呈现波动增长，一些学科保持在低端徘徊，有升有降。

②备考经验。

区校形成了系统的备考模式（如区校协同、联研共建、月度会商、联合视导，学校层面的备考课程化、基于目标导向的备考等等）。

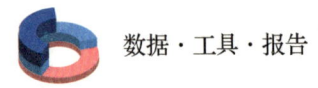

备考研究的不断深化（如对考试和命题研究、课标研究、教材研究、教学研究等），专业性持续增强。

尖端生培养路径逐渐清晰。每年设立两大尖端生培养基地，建构系统的尖端生培养课程，组建1+4的教师授课团队。

数据赋能作用日益体现。科学研判，靶向施策，精准发力，循证改进。

重大项目助力初步彰显。国家级示范区成果的推广应用（学科关键能力、命题、学科教研基地建设），国家级实验区技术教学的融合，课程领导力提升工程的助力等，都在一定程度上为备考助力。

③问题透视。

从全区整体发展看，文化本加工培养上还有提升空间，尖端生培养数量较小。

从统考学科分析看，"定盘星"作用不明显，对区域贡献率需要进一步提升（150分/科，相对而言）。

从增值分析看，校际、学科间发展不均衡，个别学校的学科变化波动较大。

从教研层面看，对"四新"高考研究还需再加强，对考试方向和要求的精准把握还不够，对课标的深度研究不够，尤其是对高考命题与课标、教材、学科核心素养考查的一致性或关联性研究不够，对素养落位的具体路径方法的研究仍需深入，在研修的吸引力和实效性还需再下功夫。

从教师层面看，对研究的重视不够，专业水平提升的不够，比如对课标的研究，相当一部分老师教学不看课标，备考不研课标，对课标中一些新的变化和要求还仅仅停留在"概念"层面，没有理解其中的深层含义，如知识结构、大概念、大任务、项目式主题式学习等；如果不研究课标，那么对高考的方向和要求很难做到胸有成竹，把握不了方向和要求，那我们的教学和备考就可能出现偏差、低效或无效的情况。再比如对教学的研究，不重视研究教与学的规律，尤其是缺乏对学生学习的研究；教师如果做不到深度研究，仅靠已有的经验是不足以支撑现在素养导向的课堂教学；在教学中以讲授知识、刷题训练、以教辅代替教材现象大量存在，在知识的结构化、体系化上研究不足（尤其是深层结构和体系），缺少对学生思维训练、素养进阶的具体方式方法。在高考方向、知识体系以及素养落位上，重视知识传授，缺乏能力进阶等具体策略。

从学生层面看，学生的学习方式方法上需要具体训练和指导，懂会用熟巧通，在高阶思维能力明显表现出弱势。

总之，我们在探索中走完了北京首轮新高考，历经了"三新一旧"和"四新一旧"艰难的备考过程，也为已经启动的第二轮新高考留下一种用于辨认方向、指引道路的坐标。在未来的备考中，我们将抓住关键环节，聚焦第一轮备考中呈现出的这些关键问题，与学校一起深入研究解决瓶颈问题，实现新的质量突破！

二、依标据本，强基提质[①]

近五年来，北京市中考深度变革。仅从考查学科和分值来看，从2018年前持续多年的"五科必考＋体育，总分580"到2018至2020年三年内的"三科必考＋体育＋五选三，总分580"（五选三是进入初三伊始的科目选择）；再到2021年北京市建立初中学业水平考试制度，两考合一，全科开考，随考随清，2021和2022两年为"五科必考＋体育＋四选二，总分660"（四选二是依据考后成绩在四科中文理各选一科）。考试结构的变化引领着我们教学的改革。

（一）命题特点分析

1. 2022年北京初中学考命题背景分析

从2019年到2022年，有关初中学业水平考试的命题，在国家和北

---

① 此案例部分内容来源于F区教师进修学校中学研修处Z老师发言。

京市层面先后出台了六项相关政策和文件，这里包括双减政策和义教新课标的发布（图13-6）。

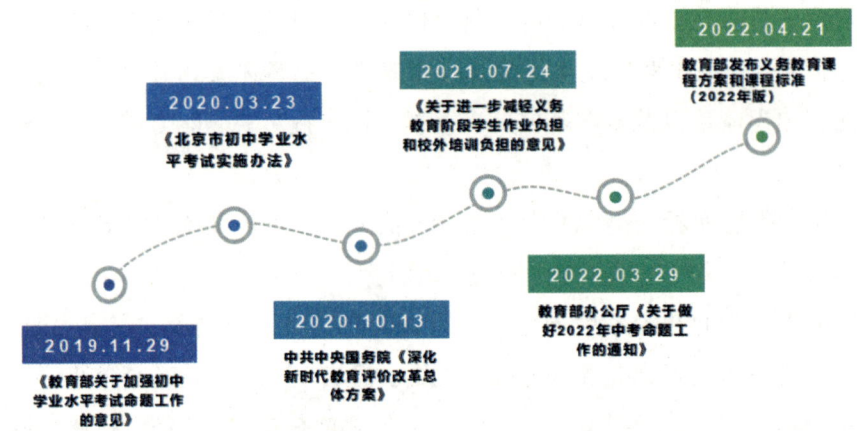

图13-6　国家先后出台了六项相关政策和文件

2022年3月，教育部办公厅发布关于做好2022年中考命题工作的通知，强调严格依据课程标准命题，科学设置试卷难度，规范中考命题管理等要求；在今年4月21日教育部发布的义教新课标中再次清晰提出学考的三条命题原则，坚持素养立意，凸显育人导向；遵循课标要求，严格依标命题等。我们可以看到各项文件都共同指向一个命题原则"严格依标命题"！

2022年北京初中学考命题继续传承2015年后的北京中考特色命题理念，"四个突出四个考出来"：突出立德树人，把社会主义核心价值观和中华优秀传统文化考出来；突出主干知识，把课堂表现考出来；突出学科思想和方法，把实践能力考出来；突出北京学生特点，把创新精神考出来。

2. 2022年北京初中学考命题特点分析

通过学习北京教育考试院发布的学科试题评价、进一步研究和调研，我们发现2022年北京初中学考整体看有五大命题特点：一是依标命题，以学定考，落实"双减"要求；二是注重真实情境，融入价值导向，落实立德树人；三是紧密联系实际，引导教学回归课堂、回归教材；四是扎实基础，突出过程，关注思维；五是突出实践导向，关注学生个体差异。

例如，数学试卷25题以北京冬奥单板滑雪大跳台项目为背景。情境真实自然，符合学生生活经验和认知规律，彰显民族自豪感和北京特色，考查建模思想及解决实际问题能力，凸显课标要求，融入价值导向，落实立德树人。

教材是学生学习的主要抓手。例如历史试卷中，多道试题多角度多层次运用教材资源，考查主干知识和基本线索，体现命题紧密联系教材，依标命题，引导教学回归课堂的鲜明特点。

再如化学试卷体现了课标对核心知识的要求。特别增加了可选择的问题设计，为学生提供了自主选择的机会。体现突出实践导向，关注学生个体差异，考查学生能力发展水平。

再看语文试卷的17题，引导学生关注劳动价值，内容贴近生活，并涉及了生物、化学、物理、数学等多个学科的内容，凸显义教新课标跨学科学习的理念，引导教师教学中重视跨学科学习课程的开发，体现了新课标与旧教材的对接。

（二）考试数据分析

1. 分析说明

分析的对象：参加2022年学考的考生，有实际参考并具有学考成绩的学生。不含自主招生学生和非京籍借考考生。

2. 区域整体质量分析

表13-10是今年初中学考我区和郊区平均得分率的比较。从最下面一行差值标绿的数字中我们可以看到，九个文化学科有七个学科的得分率超出郊区平均或与郊区平均持平。说明我区今年整体备考具有较好的实效性。

表13-10　2022年中考全区、郊区学科得分率比较

	语文	数学	英语	物理	化学	生物	历史	地理	道德与法治
全区	0.88	0.75	0.76	0.78	0.82	0.85	0.84	0.84	0.86
郊区	0.88	0.75	0.77	0.76	0.82	0.85	0.83	0.85	0.85
差值（全区－郊区）	0	0	–0.01	0.02	0	0	0.01	–0.01	0.01

表13-11是近两年我区与郊区平均学科得分率差值的比较，从最后一行进步幅度标绿的数字中我们看到，九个学科有七个学科均比去年同期的成绩有进步，充分说明近两年我区的学考备考扎实有效，成绩稳中有升。

表13-11　2022年、2021年全区与郊区的学科得分率差值

		语文	数学	英语	物理	化学	生物	历史	地理	道德与法治
2022年	全区	0.88	0.75	0.76	0.78	0.82	0.85	0.84	0.84	0.86
	郊区	0.88	0.75	0.77	0.76	0.82	0.85	0.83	0.85	0.85
	差值（全区－郊区）	0	0	–0.01	0.02	0	0	0.01	–0.01	0.01
2021年	全区	0.86	0.74	0.77	0.74	0.81	0.82	0.82	0.81	0.73
	郊区	0.85	0.75	0.78	0.73	0.82	0.83	0.84	0.81	0.76
	差值（全区－郊区）	0.01	–0.01	–0.01	0.01	–0.01	–0.01	–0.02	0	–0.03
进步幅度	2022-2021（全区－郊区）	–0.01	0.01	0	0.01	0.01	0.01	0.03	–0.01	0.04

3. 各校成绩分布M-S图

M-S图反映的是各学校学生成绩的集中程度。纵轴M代表学校总体成绩的平均分，横轴S代表学校总体成绩的标准差。标准差代表学校学生成绩的离散程度，标准差越大，离散程度越大，学生成绩的差异性越大。中间红色标准线为区域总体的平均分和标准差。将E组15所初中校分成4个象限，如图13-7所示，学校分类如表13-12所示。

第十三章 数据支撑的区域整体学业质量分析

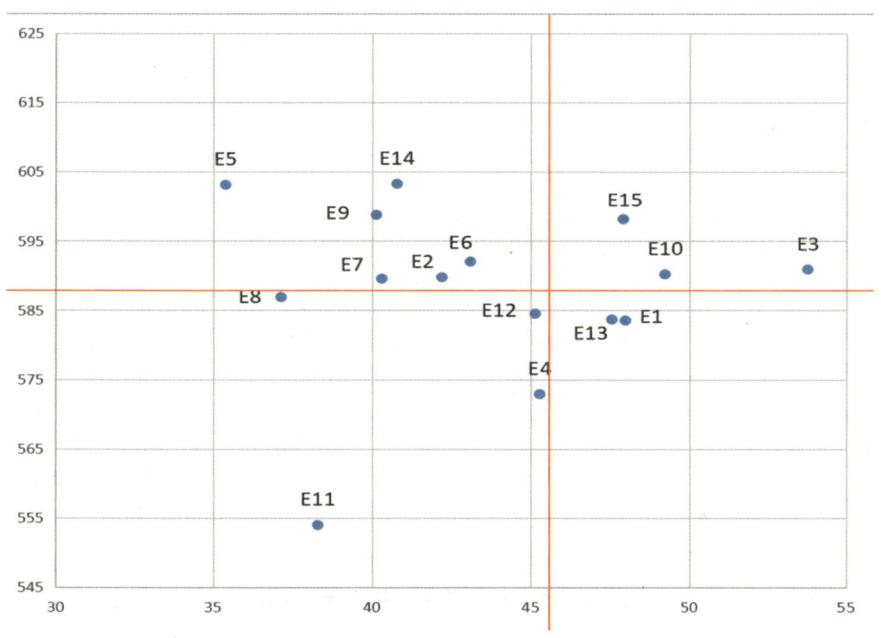

图 13-7　E 组 15 所初中校 M-S 图

表 13-12　学校分类（E 组）

象限	象限描述	学校
第一象限	总体成绩良好，但学生成绩的差异性较大	E15、E10、E3
第二象限	总体成绩良好，且学生成绩的差异性较小	E5、E14、E9、E6、E2、E7、
第三象限	总体成绩偏低，且学生成绩的差异性较小	E8、E12、E4、E11
第四象限	总体成绩偏低，且学生成绩的差异性较大	E1、E13

将 D 组 21 所初中校分成 4 个象限，如图 13-8 所示，学校分类如表 13-13 所示。

图 13-8　D 组 21 所初中校 M-S 图

表 13-13　学校分类（D组）

象限	象限描述	学校
第一象限	总体成绩良好，但学生成绩的差异性较大	
第二象限	总体成绩良好，且学生成绩的差异性较小	D2、D21、D11、D3、D15、
第三象限	总体成绩偏低，且学生成绩的差异性较小	D6、D5、D12、D16、D19
第四象限	总体成绩偏低，且学生成绩的差异性较大	D13、D14、D7、D4、D20、D1、D18、D17、D9、D10、D8

4. 各校分层分布（G1-G5）

将全区中考考生按照原始总分由低到高分为五个层级，分别为 G1、G2、G3、G4、G5，如表 13-14 所示，我们把每个层级的群体按总分成绩描述为最弱层、次弱层、中等层、次优层、最优层。从区域总体，让每层级人数近似持平，可以看到对应的分值范围。比如，G1 层，分值跨度 400 分，全区有 800 多人；G4 层，分值跨度仅 19 分，全区也有 800 多人。我们可以感受到成绩分布集中状况。

第十三章 数据支撑的区域整体学业质量分析

表13-14 全区中考成绩分层分布表

组别	G1	G2	G3	G4	G5
分值范围	154–553	554–583	584–605	606–625	626–667
人数	821	838	835	847	845
	最弱	次弱	中等	次优	最优

图13-9为E类学校15所学校各层学生人数的情况表。表格数据抽象，还是看堆积层次图。用各层人数占全校人数的比例做出堆积图，可以直观形象地看出各校在学业考试中学生的层级分布。实际上我们每次做质量分析都会呈现堆积图分析，给学校做分层分类指导提供了参考和思考。每校对应一个横条图，从左到右，从G1到G5，用不同颜色代表各层级学生占比情况。在E类校中，E14、E5、E15、E9四所学校最弱和次弱学生占比较少，而次优和最优学生占比较高。

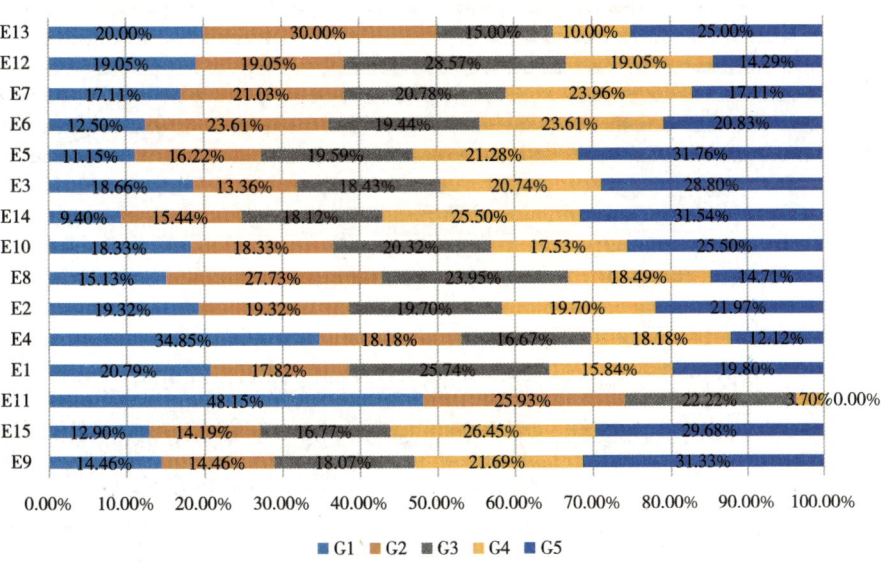

图13-9 E类学校15所学校各层学生人数情况表

图 13-10 为 D 组 21 所学校各层学生人数的情况表。看堆积层次图，D2、D15、D21 学校 G1 层也就是最弱生占比很少；D14、D20、D2、D13、D3、D4 次优和最优学生占比相对较高，体现出我们相当一批 D 类校备考中的学生指导力的增强。

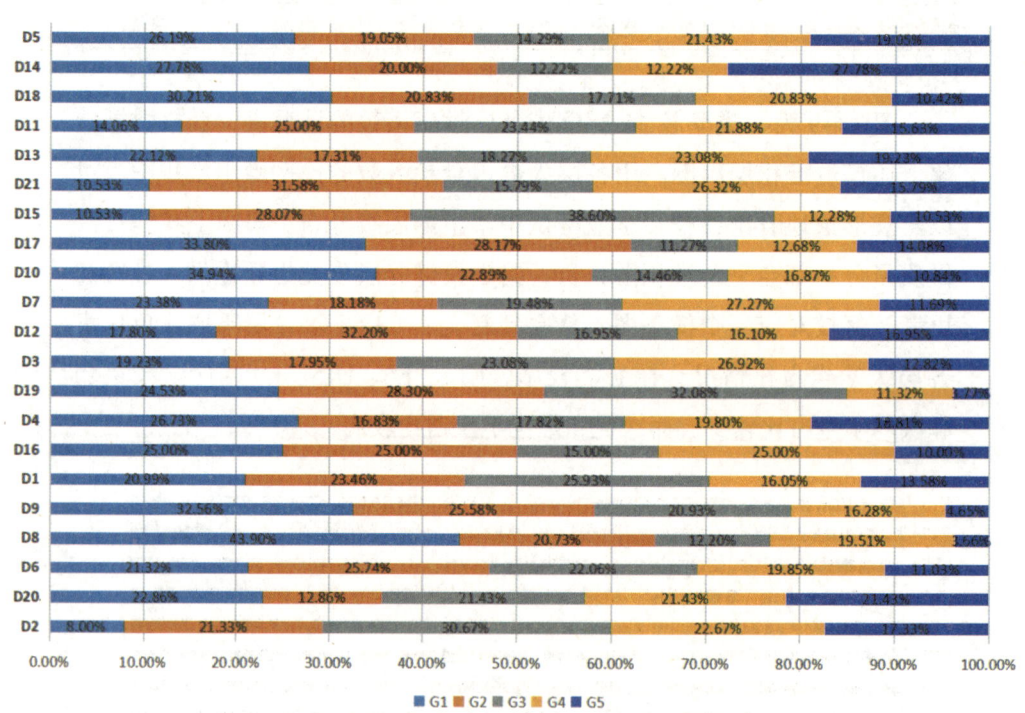

图 13-10　D 组 21 所学校各层学生人数的情况表

5. 各校三年增值分析

（1）各校初中三年考试成绩变化分析。回顾初中三年历次综合考试，区域统考统阅的 7 次成绩，小升初贯通考，初一上期末，初二下期末，初三上期末，初三下一模，初三下二模，中考。以有中考成绩的考生为基准，删除没有中考成绩的学生在历次考试中的成绩，并以此为基准计算学校参加考试人数、区域 T 分数。T 分数是一个标准分数。注意：使用总分成绩做 T 分数分析。

因初中校数量较多，为直观清晰，把 E 类校分为三个小组，每小组

5所学校（图13-11～图13-13）；D类校分为四个小组，每小组5或6所学校（图13-14～图13-17）。

T分数变化趋势图，不仅能纵向感觉自己学校学生三年来学业成绩的变化，反思自己学校三年的加工能力，也能横向比较每次统考与其他学校的关系。

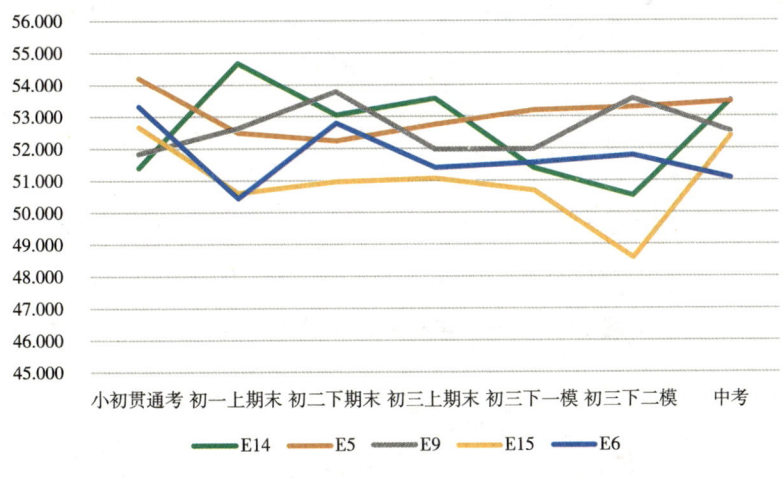

图13-11　E类第一小组T分数变化趋势图

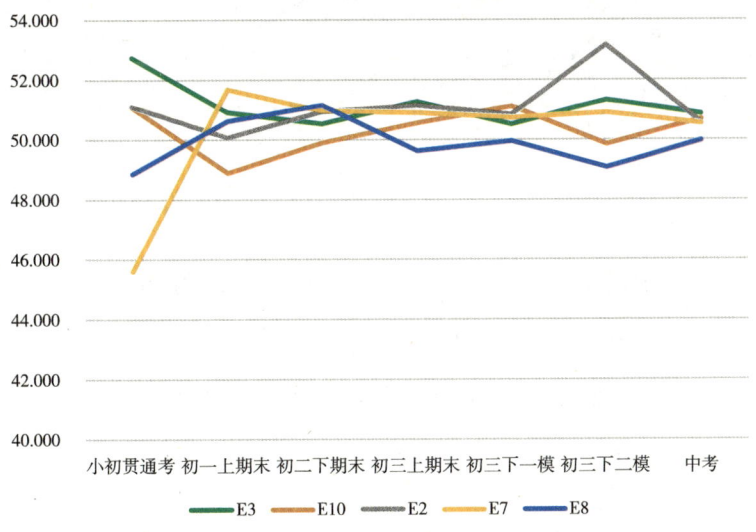

图13-12　E类第二小组T分数变化趋势图

数据·工具·报告

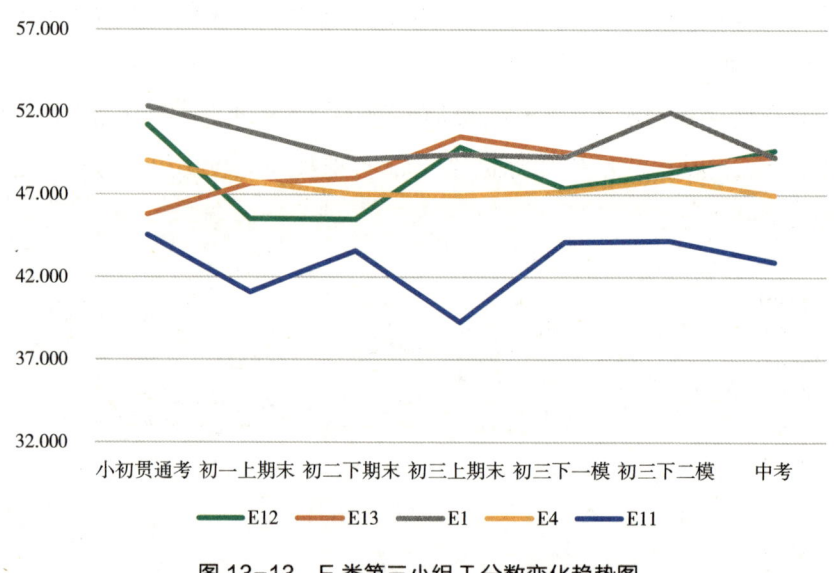

图 13-13　E 类第三小组 T 分数变化趋势图

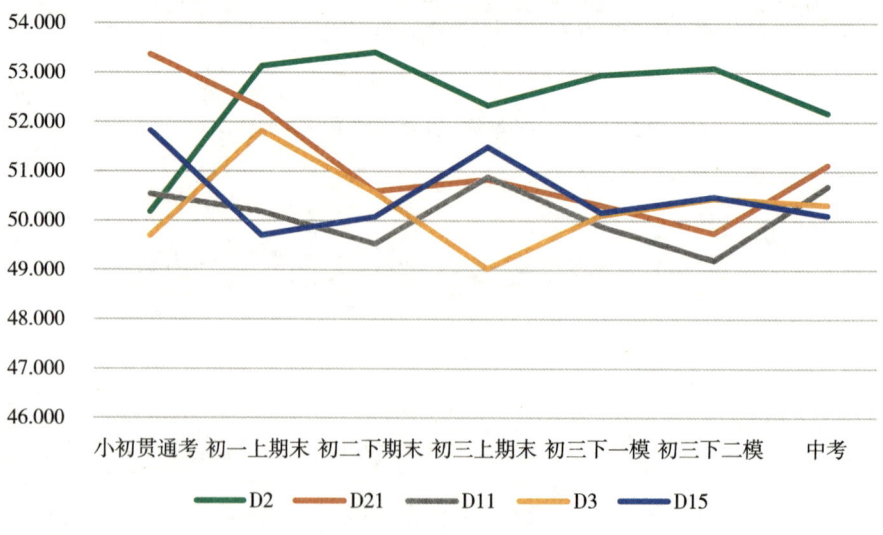

图 13-14　D 类第一小组 T 分数变化趋势图

第十三章 数据支撑的区域整体学业质量分析

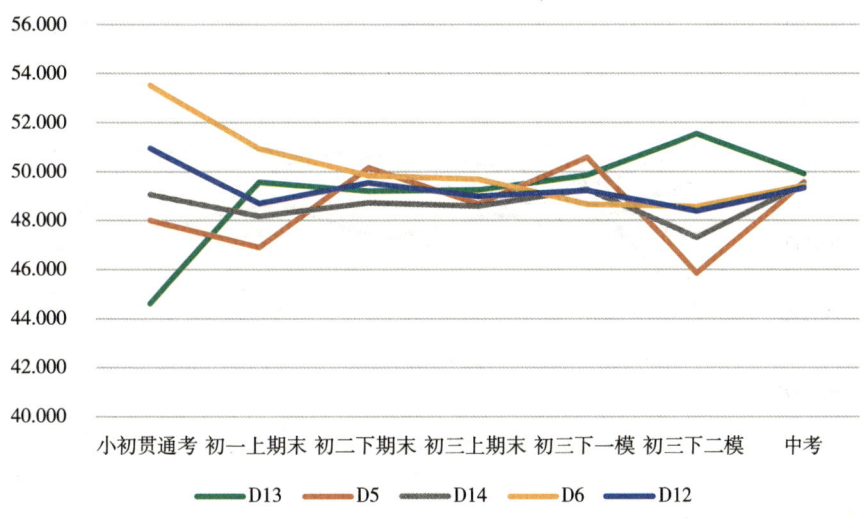

图 13-15　D 类第二小组 T 分数变化趋势图

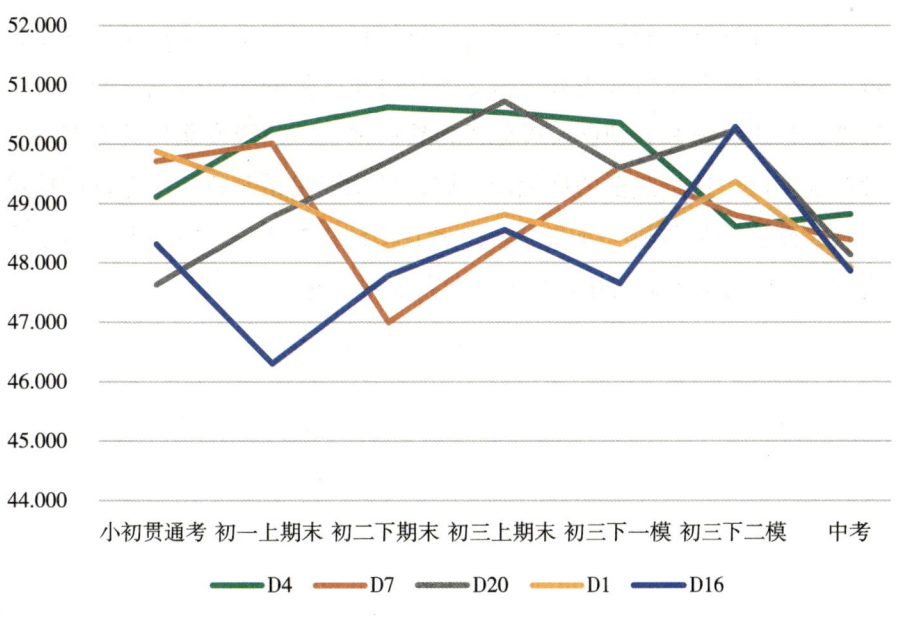

图 13-16　D 类第三小组 T 分数变化趋势图

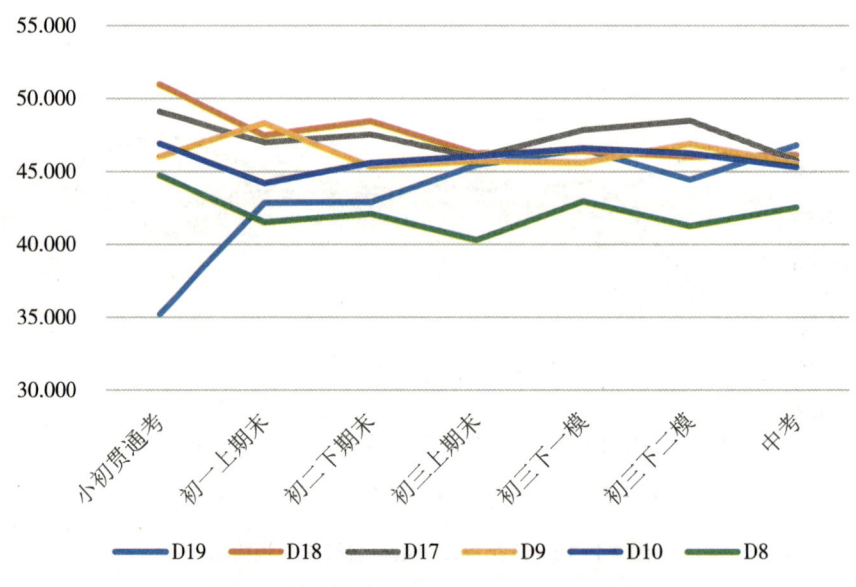

图 13-17　D 类第四小组 T 分数变化趋势图

（2）各校考生的层级变化情况。各校初中三年学生层级发展变化分析。三年历次考试各层级人数占比变化分析，不同颜色代表不同阶段的统考，把 7 次统考分别做层级分析，然后把统一层级变化比例汇聚一起（图 13-18）。这与之前的堆积图不同，堆积图只是分析一次考试的层级分布，而这个是分析三年来 7 次统考在 G1，G2 等五个层级上的学生变化率。下图展示了某校在各层级的人数变化情况。

第十三章　数据支撑的区域整体学业质量分析

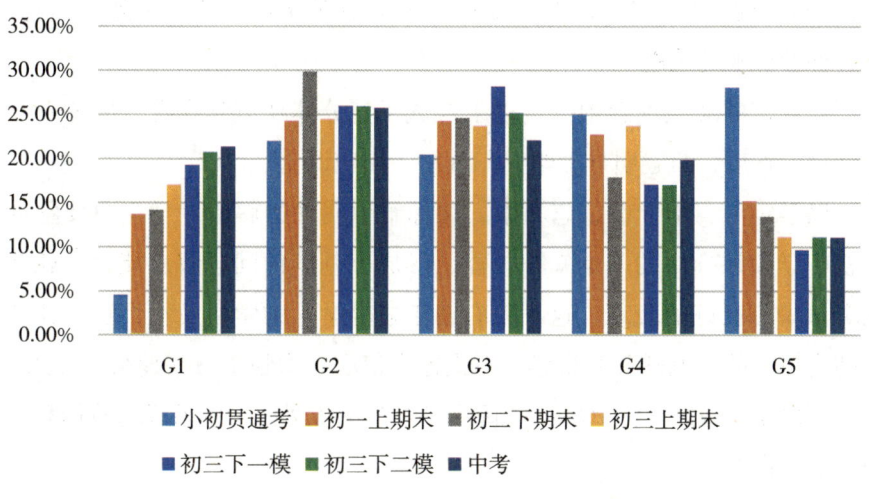

图 13-18　各校初中三年学生层级发展变化分析

（三）问题反思与改进

1. 中考改革及数据分析带来的反思

（1）中考的性质已经发生改变。中考已经由过去为高一级中学输送人才的选拔性考试变革为现在的初中学业水平考试（由中考变革为学考）。学考的性质，定位在以考查学生达到课程标准的学业质量要求为主，兼顾选拔。

2022 年 4 月国家发布了 2022 版义务教育课程方案和课程标准，首次在课程标准中明确提出了学业质量标准。那么，学业质量标准究竟是什么呢？学业质量标准阐述的是学生学业发展的预期结果和评价标准，从本质上看，反映的是学业质量观、学业质量的价值取向，即学生学业质量标准的各个要素、指标和层级。我们认识到，学业质量标准引导教师把握教学深度与广度，将成为学考的命题依据。所以研读新课标，理解新课标是我们当前教育教学的首要任务。

（2）学业水平考试落实"双减"要求，传递积极导向。"双减"政策

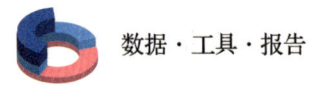

中提出：坚持以学定考，进一步提升中考命题质量，防止偏题、怪题、超过课程标准的难题。

北京市的命题理念中一直以来渗透了充分体现以学定考，发挥课堂主阵地的作用，命题引导教学回归教材、回归课堂。

以学定考，学什么，怎么学，课标给了明确的解读。学生只要掌握了初中学段课标中的基本知识技能，形成了基本的问题解决能力，就会在考试中有良好的表现。这不仅有助于减轻学生的学习负担，也会让学生拥有更多的成就感和获得感，对提振自信心、增强学习兴趣很有帮助。

所以说"双减"、"双新"（新课程方案，新课标）应该成为我们教育教学的方向标。

（3）将考试与实际生活联系，引发学生对生活现象的思考，实现以考促学。2022年北京市的学考试卷一个很明显的特征是，各学科都有大量的试题考查学生用所学知识解释身边现象的能力，这一方面是为了体现所学学科对于人类社会生活、生产的贡献，从而让学生认识到学习的价值所在。另外一方面，也体现了新课标在综合性、实践性方面的要求。

义教新课标首次使用了核心素养，素养是在一定情境中通过解决问题形成和发展的。因此，在学业质量标准的落实中，应创设一定的问题情境，并在真实的问题情境中，发展学生运用知识发现问题、分析问题、解决问题的综合性能力，从而逐步形成必备品格、关键能力。

我们说，以考促学，试题让我们反思和警醒，给我们的学科教学引领了方向。

2.考试数据背后的问题思考

（1）课堂教学的问题。教学质量的获得聚焦在课堂，如何真正把握好课堂主阵地是我们永远的话题和改革落脚点。我们在常态教研中发现我区课堂的典型问题，比如：

①教学缺乏对学生认知基础的诊断，在促进学生主动学习方面缺乏有效策略。

②课堂学习活动碎片化，学生思维处在浅层次，所学内容难以迁移。

③过于重视应试解题，片面强调知识、方法与技巧，忽略了学生的学科情感体验。

④作业布置不重视教材使用和挖掘，随意性较大……

这些问题，事实上在课标里都有引领，而我们的老师大都处于经验教学或教研，对于课标的学习都不够重视，不够深入，这是我们急需扭转的。

（2）积极做好课堂建设（图13-19）。

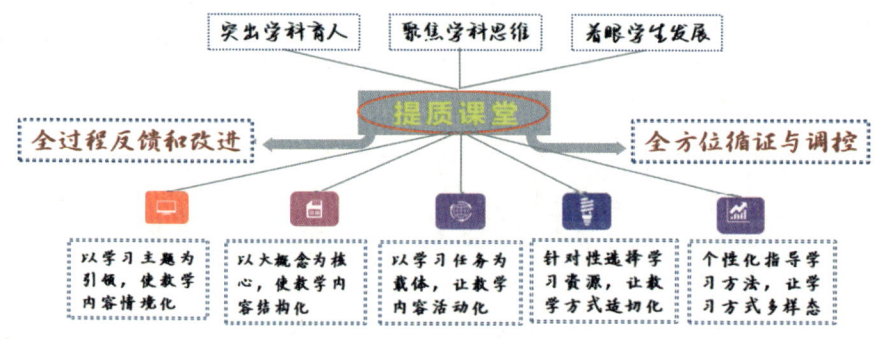

图13-19　积极做好课堂建设

（3）减负提质对教师、学生的要求。在"双减"、"双新"的教育背景下，希望我们的教师从关注学生的表现到读懂学生的思维，做到"九研"，同时让我们的学生拥有"九权"（图13-20）。

图13-20　减负提质对教师、学生的要求

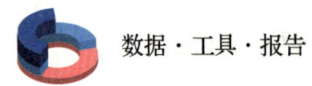

  在追求教育高质量的今天，我们各校应善于从测试数据和师生发展中发现顽固症结，探索有效策略，在变通和精进中寻求新突破，做到在反思中改进、在改进中优化，在优化中增质，在增质中提气！道阻且长，行则将至！

第十四章　数据支撑的学科质量分析[①]

以北京市普通高中学业水平等级性考试中地理科目的考试数据为基础，依据课程标准、新教材、中国高考评价体系，结合教学现状，通过对考试数据的分析，对考生知识水平和能力水平进行客观分析，对学生的学习与教育教学情况进行诊断，并提出改进教学的建议。对近三年地理学业水平等级性考试进行整体分析、典型试题分析，以明确备考的方向、重点。

一、透视数据，明晰方向

（一）试卷结构与题量

近三年地理学业水平等级性考试中，客观题15道，共45分，主观题5道，共55分，知识覆盖全面，能力考查层次鲜明，试题素材呈现和问题设计注重考查学生在真实情境下解决问题的能力素养。

近三年试卷结构与题量变化不大，主观题由14小问减到12小问，主要为了给学生充分的思考时间，以考查学生的地理思维。

---

① 此案例部分内容来源于F区教师进修学校中学研修处教研员N教师发言。

（二）试卷整体得分率

整体得分率约为 0.65。客观题得分率在 0.75 以上，客观题知识覆盖面大，引导全面教学，考查基础知识、基本技能。主观题侧重考查地理思维能力、地理术语应用、语言表达能力等。尖端生在主观题上要突破，中等生、后进生在客观题上少丢分（表 14-1）。

表 14-1　近三年市地理学业水平等级性考试得分率对比表

	2020 年	2021 年	2022 年
统计分值	93 分	93 分	94 分
整体	0.67	0.65	0.65
客观题（15 道 45 分）	0.74	0.79	0.79
主观题（5 道 55 分）	0.62	0.54	0.54

（三）得分率分段统计

从得分率在 0.7 以上、0.4-0.7 之间、0.4 以下的分段统计，可以看出易、中、难近似 4:5:1，这让各个层次的学生有获得感（图 14-1）。那么，2023 年地理试题难度会变化吗？在减负的背景下，试卷总体难度应该是平稳的。

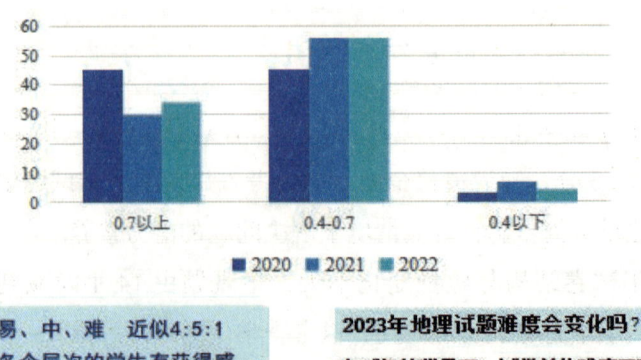

图 14-1　2020-2022 年整体地理各题得分率分段统计图

（四）基础性、综合性、创新性试题分析

基础性试题分值高、得分率高；创新性试题分值低，得分率低，但分值有增大的趋势。备考以基础类试题为主，适度创新（表14-2）。

表14-2　基础性、综合性、创新性试题分析表

	2020年		2021年		2022年	
	分值	得分率	分值	得分率	分值	得分率
基础性	34	0.78	30	0.78	47	0.71
综合性	49	0.60	47	0.59	27	0.64
创新性	10	0.45	16	0.56	20	0.53

（五）知识结构分析

有规律、还是没规律？分值有一定规律，得分率没有规律。自然地理、人文地理、区域地理三部分分值高（表14-3）。这三部分得分率，不同年份，忽高忽低，这三部分要重点复习，复习深度要到位。

表14-3　近三年北京市地理等级性考试知识组块分值、得分率

	2020年		2021年		2022年	
	分值	得分率	分值	得分率	分值	得分率
地球与地图	9	0.64	12	0.72	6	0.81
自然地理	37	0.59	20	0.75	25	0.63
人文地理	22	0.78	39	0.58	31	0.72
区域地理	19	0.68	12	0.62	26	0.56
选择性必修3	6	0.82	10	0.67	6	0.95

（六）能力结构分析

虽然获取和解读地理信息统计分值低，评价和探讨现实问题分值高，但是备考还是从低阶能力为起点为基础，高阶能力包含低级能力（表14-

4）。能力培养是逐渐提升的，所以自始至终要加强获取和解读地理信息的能力的培养。

表14-4　2022年地理等级性考试能力组块得分率对比分析表

	分值	F区得分率	整体得分率
获取和解读地理信息	13	0.75	0.77
描述和解释地理事象	25	0.63	0.67
理解和运用地理原理	27	0.58	0.62
评价和探讨现实问题	29	0.59	0.62

（七）2022年不同层次考生情况分析

G1与G10组得分率差达到0.44，均分相差41分，说明不同层次考生水平在地理学习中存在明显差异。G10组考生得分率达到0.84，与G9组相比，存在显著优势（表14-5）。

表14-5　2022年不同层次考生情况分析表

组别	G1	G2	G3	G4	G5	G6	G7	G8	G9	G10
分值范围	3.00~45.50	45.50~52.00	52.00~56.00	56.00~59.50	59.50~62.50	63.00~65.50	65.50~8.50	68.50~72.00	72.00~75.50	75.50~88.50
平均分	37.7	48.8	54.1	58.0	61.2	64.3	67.2	70.3	73.7	78.7
得分率	0.40	0.52	0.58	0.62	0.65	0.68	0.71	0.75	0.78	0.84

注：地理成绩由低到高排列，按人数平均分为十组。

二、诊断问题，矫正思维

通过典型试题分析，寻找我们教学中的问题，针对问题进行教学改进。

（一）同一知识点试题分析

例如，区位原理的考查，2022年试卷中有3个小题考查"区位原理"，共 10 分，落实地理必修 2，课程标准的内容：2.5 结合实例，说明工业、农业和服务业的区位因素。

11. 与上海市区相比，东台市建设康养基地的优势是（区得分率 0.97）

 A．消费需求量大 B．土地成本较低

 C．医养设施完善 D．产业部门齐全

13. 对该企业区位选择影响逐渐减小的因素是

（区得分率 0.49）

 A．原料产地

 B．环保政策

 C．市场需求

 D．教育培训

兴隆县誉为"中国山楂之乡"，当地山楂栽培是我国重要农业文化遗产。

16．（2）概述兴隆县发展山楂产业的有利条件（区得分率 0.73）

这三道题为什么得分率差距如此大？11 题地理要素比较（比较法 区域差异），16 题答题思维模板（迁移应用），学生掌握较好。而 13 题体现地理学科的时空观念：不同时间、不同空间的变化，有相当的难度，得分率就低了。

建议：引导学生体会感悟学科思想、学科方法在试题中是如何呈现的，抓牢主干知识，答题思维模板，重视地理术语表达。

（二）同类试题分析

例如，每年必考农业区位条件

2020 年试题：孟加拉国当地农民因地制宜采用可以随水位变化的"漂浮菜园"，种植蔬菜、花卉等。17（1）分析当地农民采用"漂浮菜园"种植方式的自然原因。（区得分率 0.47，情境陌生、设问新）

2021 年试题：天水市在海拔 1000～1500 米的梯田上引种樱桃。该地种植的樱桃产量高，品质好，营养丰富。16（2）概述当地生产高品质樱桃的条件。（区得分率0.46，区域背景特殊性，运用原理，联系生活。）

2022年试题：兴隆县被誉为"中国山楂之乡"，当地山楂特色栽培是我国重要农业文化遗产。16（2）概述兴隆县发展山楂产业的有利条件。（区得分率0.73，答题思维模板，注意地理术语表达）

建议：老师们在选择例题、布置作业、考试命题时，要按考点分类，还要分层为基础、综合、创新试题，进行滚动练习，逐渐加深；比较同一类试题的相同点、不同点。以此，思考如何跳出题海？

（三）得分率低的试题分析

一个知识点能出很多不一样的题。思考：试题中什么是变的，什么是不变的？变化的是情境、任务；不变的是学科基础知识、基本技能、基本思想方法、价值观。一个知识点，能出很多题，得分率低的题难在哪里？由"考得深"向"考得活"转变，难在综合性和创新性试题上。

1. 综合性试题分析（考得深）

17.（1）分析在强热带气旋影响下，此时毛里求斯岛的主导风向和降水状况（图14-2）。

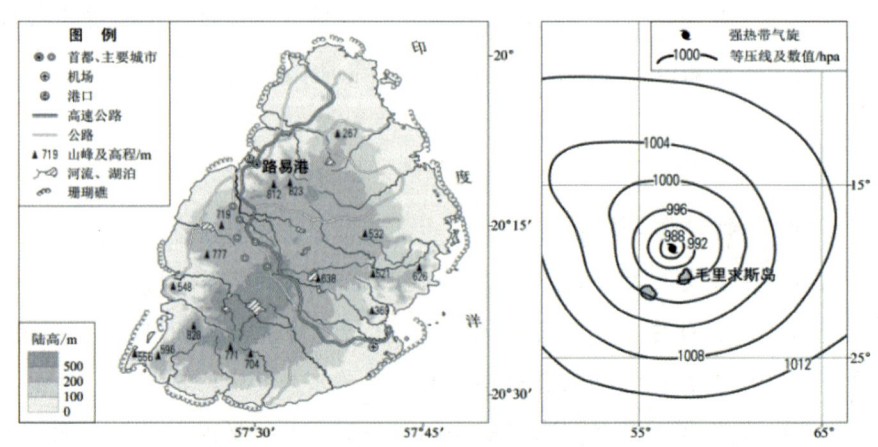

图14-2　毛里求斯岛地图及海平面气压分布图

此题得分率低，我区一类校得分率0.49，二类校得分率0.42，三类校得分率0.31。此题为什么难，因为测试学生地理思维链条延长、综合思维增强了，该题体现了选拔功能，体现了与大学地理教育的衔接。

建议：关注学生地理学习的过程，抓住地理的底层思维，形成地理学科的结构化思维，强化地理演绎推理、综合思维等的训练。

2.创新性试题分析（考得活）

20.结合实例，论述北京奥运遗产助力城市可持续发展的地理意义（7分）。（提示：从地域文化、大都市辐射功能、碳排放等视角展开论述）

此题是论述题，设问灵活开放，多元评价，等级赋分，没有参考答案，属于创新性试题，考查学生发散思维、类比思维、辩证思维等。此题考查跨模块的内容，也涉及政治、历史、化学等不同学科的内容。可参照表14-6给出的标准评价表现水平。

表14-6 表现水平评价

表现水平	水平描述
水平4	视角丰富，实例恰当，逻辑严谨，条理清晰，结构完整，准确运用地理术语
水平3	视角较丰富，实例恰当，逻辑较严谨，条理较清晰，结构较完整，运用地理术语
水平2	视角单一，实例较恰当，缺乏逻辑，无条理，结构不完整，无地理术语
水平1	无视角，无实例

三、精研课堂，强基固本

北京高考命题注重"四个突出"与"四个考出来"。（1）突出立德树人，把社会主义核心价值观和中华优秀传统文化考出来。（2）突出主干知识，把课堂表现考出来（让好好学习的学生有较强获得感，让好好教学的老师有收获感）。（3）突出学科思想和方法，把实践能力考出来。（4）突出北京学生特点，把创新精神考出来。我们高三的课堂是怎样的？一部分教师主要是用教辅资料做题、讲题。我们用"四个突出"与

"四个考出来"去审视自己的教学行为和结果。通过每节课的学习活动切实提升学生的学科能力，学科思维。

（一）回归教材，强基固本

把课堂表现考出来，所以要进一步优化课堂教学设计与实施（图14-3）。按高考命题思路进行教学设计，体验问题解决过程。

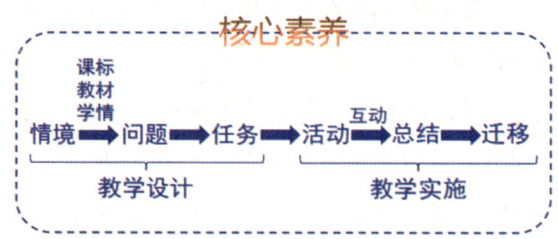

图 14-3　优化课堂教学设计与实施流程

那如何设计情境？如何提出问题？如何设定任务？充分运用新教材，高效备课。例如地理必修1第二章地球上的大气中热力环流原理（表14-7）。

表14-7　不同教材的教学活动设计

教材	活动系统
人教版	情境：《台海使槎录》记述台湾海峡两岸风向差异 案例：城市热岛环流 活动：绘制海陆间大气热力环流模式图 活动：根据等压线确定风向和风速
中图版	探索：某地沥青路面、草地和近地面空气的温度对比 案例研究：城市热岛效应 作业题：海陆风和山谷风
鲁教版	探究：热气球升空、切洋葱点蜡烛 阅读：山谷风 活动：海陆风、城市热岛环流
湘教版	活动：热力环流原理、海陆风、城市热岛效应

第十四章 数据支撑的学科质量分析

教材中活动内容丰富，有很多开放性、探究性的问题，或具有趣味性的生活性问题。教材是最重要的学习资源，是落实课标要求的载体（图14-4）。

图 14-4 教材中的活动探究过程

绘制海陆间大气热力环流模式图。

白天，陆地增温快，海洋增温慢；夜晚，陆地降温快，海洋降温慢。海陆风就是海陆间昼夜温度差异引起的大气热力环流。根据大气热力环流的原理，完成下列任务。

（1）在图 14-5（a）上，按如下步骤完成白天海陆间的大气热力环流模式图。

①标出海洋和陆地温度的高低。

②根据海陆温度的高低，画出海洋与海洋上空、陆地与陆地上空气流垂直运动的方向。

③根据气流垂直运动的方向，标出海洋、陆地表面气压的高低，再标出海洋、陆地上空气压的高低。

④画出陆地和海洋之间的大气水平运动的方向，完成热力环流模式图。

（2）在图 14-5（b）上，按（1）的步骤完成夜晚陆间的大气热力环流模式图。

227

（3）分析大气热力环流对滨海地区气温的调节作用。

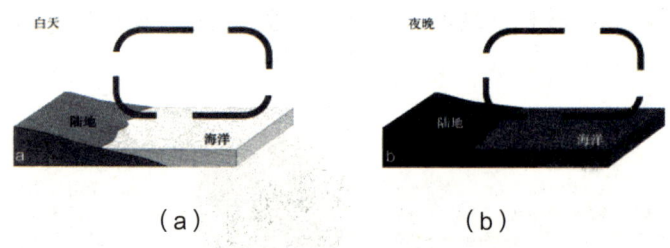

（a） （b）

图14-5 绘制海陆间大气热力环流模式图

又如，人教版地理必修1第38页，绘制海陆间大气热力环流模式图。该组资料，关注学生的学习体验，以学生思考问题的逻辑设计教学过程，关注"学生怎么学"。按任务要求，学生去画、标注、分析（学生是主体），老师进行适时点拨。学生画得怎样、分析得如何？达成学习目标了吗？整个"教的活动"，转变为"学的活动"，实现教学评一体化实施。

回归教材，教材表达着知识形成过程，培育地理思维；教材是地理概念、规律、原理，渗透地理思想、方法的最重要载体。教材是专业学术表达。而教辅资料主要是知识梳理，知识补充，试题为主。

建议：持续深入学习研究课标，学习教材，理解教材编写专家的意图。

（二）解决"小问题"的校本教研

把自己教学中的困惑，变为"小问题"进行研究。例如，如何绘制知识结构效果更好？哪个图更利于学生问题解决？

思考一节课、一个单元的内容结构，同时也要思考一门课程的内容结构（图14-6）。《普通高中课程方案（2017年版）》指出：重视以学科大概念为核心，使课程内容结构化，以主题为引领，使课程内容情境化，促进学科核心素养的落实。这体现教师对学科课程的理解。

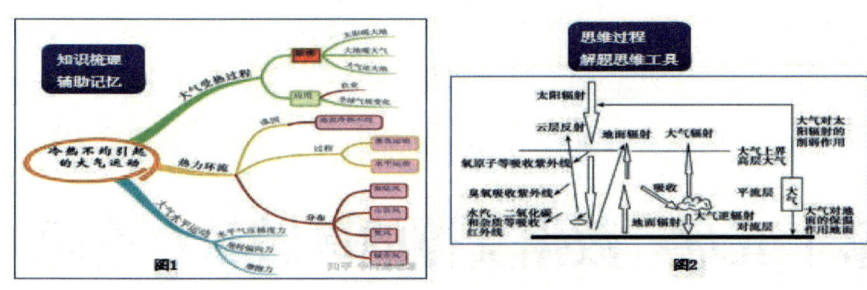

图 14-6 梳理课程内容结构

以"题"导"研"以"评"促"学",让教学、复习备考成为学生全面发展、健康成长的重要过程。

第十五章　数据支撑的区域教育治理[①]

2020年10月13日，中共中央、国务院印发了《深化新时代教育评价改革总体方案》（以下简称"方案"），提出要探索增值评价，充分利用信息技术，提高教育评价的科学性、专业性、客观性。教育部印发的《义务教育课程方案和课程标准（2022年版）》中明确提出，要全面落实新时代教育评价改革要求，更新教育评价观念，创新评价方式方法。评价是指挥棒和导航仪，有什么样的评价，就有什么样的办学导向。随着国家现代化进程的推进，面向教育改革的多元评价被逐步重视，其中增值评价作为新一阶段改革中被"探索"的一种评价方式，可借鉴的经验较少。"不比基础比进步，不比背景比努力"，增值评价有了更大的施展空间，信息技术为增值评价"赋能"的空间无限。

B市F区是B市西南部教育发展重点关注的区域，复杂多样的环境给区域教育工作者带来了巨大挑战，自2017年开始，F区就在全面探索大数据助力区域教育质量提升的多种路径。如何让数据融通？如何让增值评价发光发热？如何让评价的重点从关注关键少数到全体？如何让教育公平有更合适的依托载体？这些问题都是区域教育领导者和决策者的关注要点。

[①] 本文改编自《数字教育》2023年第1期（总第49期）实践案例栏目，页码：62-68（作者：李晓庆、王徜祥、庄英东、王召阳、卢宇）。

第十五章 数据支撑的区域教育治理

一、增值评价支撑区域教育治理的研究现状

（一）增值评价理念认同，支撑区域治理的方法分散

区域教育质量的提升，与教育系统的决策者的指导思想密不可分，教育决策者的评价指导理念是制约区域教育工作的关键要素。增值评价强调纵向发展性追踪，追踪测试的时间越长、测试的次数越多，则越能够精确地实现对学校效能的评估。这种聚焦成长式的评价理念被大家认同，缓和了只以结果为导向的评价所产生的矛盾，刷新了单次评价局限的固有认知。然而，增值评价关注增量，这就意味着要有在同一标尺上评价的核心对象、覆盖全体个体的大数据、相对公平合理的评价计算方法，需要相应的人力、物力、财力以及专业的支持，带来的操作挑战极大。在已有研究中，对增值评价的理念、模式关注得较多，支撑区域有效管理的具体方法仍有待研究。

（二）增值评价行动必要，支撑区域治理的平台有限

从区域视角来看，区域干部聘任的方法不同，区域层面的教育决策者任届周期各有差异，立体化、科学化评估学校、教师和学生似乎很难做到。增值评价变成一种可实质参考的方法，仍需要在思想上认可、行动上践行。相关研究者也在全国不同地区做了尝试，如河北省保定市以中考和高考成绩作为增值评价核心数据，发现增值评价分析结果与高考分数评价结果存在较大差异；北京市某区聚焦全体学校做了增值考试，跳出结果评价，找到了学生成长增值显著的学校；贵州省中部某市以高中三年全市统一质量监测成绩和中高考成绩相结合，发现高中学校增值的具体表现。这些增值评价行动为区域治理提供了很好的经验，给区域治理带来了新思路，但将增值评价规模化、常态化依然存在难度，以增值评价为关注点，发现支撑区域治理的平台还较少，这为研究奠定了研究基础。

（三）增值评价主体多样，支撑区域治理的业务制约

以往的增值评价研究了不同的增值评价模型，以保障评价的客观性和真实性。不同的评价模型支撑区域评价，生成评价分析报告，报告不单纯判断一个学校的"好"与"坏"，而是提供一个学区的进步情况，并以此来评价学校整体发展情况。[7]可见，评价的起点是学生的学业成绩，相关主体却是多样化的，学生全体成绩与学校整体育人质量相关，校长会被评价；单个学科成绩与该区学科教研质量相关，教研员会被评价；班级整体成绩与班级管理相关，班主任会被评价；学校具体班级成绩与整体教学质量相关，学科教师会被评价。原有增值评价关注学校整体效能评价较多，对其他相关角色的业务评价有限，用发展的视角看待教育治理，实现教育治理的转型升级成为刚需。

二、增值大数据支撑区域教育治理的研究设计

增值评价服务区域教育治理，要在认知理念的基础上，关注落地行动设计，服务多元治理主体，找寻合适的服务治理决策者的方法，建设长周期数据加工分析的平台，明确治理的核心业务。

（一）研究分析方法与维度

本研究的分析方法是以地区连续5次的学业评测数据为数据源，将同一批学生5次的学业数据导出，包含每个学生、每个学科、每个班级、每所学校、整个地区的整体成绩。依托每个学科历次评测的学业分数，转化为标准分，即Z分数，之后以Z分数为参考计算个体表现、班级表现、校级表现和区级表现，判断增值情况，主要包括学校整体增值表现、班级个体增值表现、学生个体增值表现等。

（二）研究支撑平台及核心价值

增值评价覆盖的主体范围多样，完全手工操作的难度较大，需要依

托智能化技术支撑，从区域评价的关键问题出发。在增值评价中，需要用到大量统计学知识，并且需要使用计算机技术作为主要统计工具。[8]"智慧学伴"平台是一个支撑群体大数据分析与评价的平台，通过面向群体的数据挖掘，构建群体特征、发现共性需求。[9] 本研究以"智慧学伴"为支撑平台，将增值评价的内容在平台上承载，以智能化平台的应用撬动增值评价的落地，让区域治理有更合理的抓手。增值评价的内容转化到平台上，是通过通俗易懂的介绍，让一线实践者了解增值评价的原理和操作，并建设成为一线教育工作者便于使用的技术平台。[10] 让实践者轻而易举地获得增值评价的关键信息，为区域治理提供现成的、即时的、有价值的信息。本研究立足区域增值分析判断区域教育质量的发展，具体体现在区域学校水平的提升、教师队伍的建设、学生群体发展的判断等方面。通过增值分析探寻"循证管理"，让治理有依有据。

（三）增值评价支撑区域治理的研究数据样本

本研究选择 B 市 F 区 2020 年入学的全体学生阶段学业表现数据作为研究样本，时间节点是 2020 年 10 月、2021 年 1 月、2021 年 7 月、2022 年 1 月、2022 年 7 月。研究数据由 F 区提供，结合双方合作项目过程采集，用来追踪分析 38 所初中学校学生 2 年以来的增值表现。

三、增值评价平台支撑区域教育治理研究实践探索

依托智能化平台承载的数据，区域治理将聚焦增值评价，关注大数据背后隐藏的规律或者问题。本研究从关注区域治理纵向发展的视角出发，立足增值分析，关注学校评价，通过该研究，希望为区域管理者、学校管理者的治理决策提供证据、支撑行动，具体思路参考图 15-1，具体研究分析后文将详细展开。

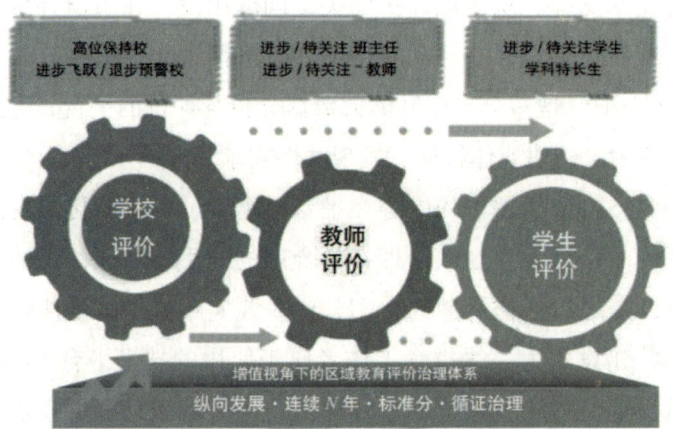

图 15-1 增值视角下的区域治理研究框架

（一）增值评价治理学校，促进学校定向督导

教育督导的目的是实现精准干预，及时为学校的发展贡献良策。增值评价关注每一所学校的进步情况，以"关注学生进步的幅度"作为评价理念，[12]努力关注进步最大或者对学生进步帮助最大的学校。

1. 学校学生培养水平分析，分层定向指导

F 区共有 38 所初中学校参与增值性分析，每个学生都包含 5 次成绩，将每个学生每个学科的成绩做加和，并且将当次评测的全区该年级所有学生的成绩核算，计算出 Z 分数，得到每所学校当次学业评测的平均 Z 分数，即可得到 F 区学校增值数据，图 15-2 为 F 区部分学校近 5 次评测增值图。

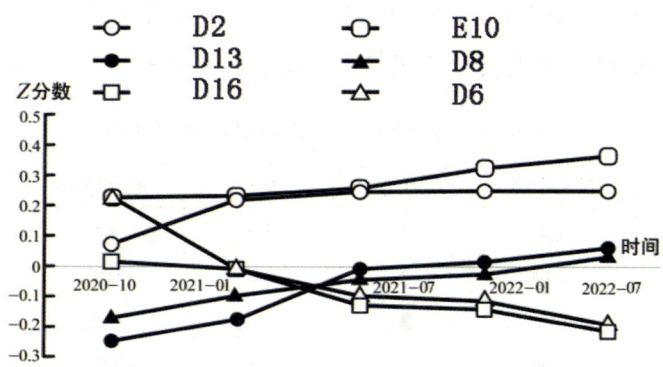

图15-2　F区部分学校学生培养Z分数增值图

（1）高位保持校分析，督导品牌打造参考图2，E10学校始终处于高位状态，该学校学生平均Z分数始终在0.2以上，学生进入八年级后，学业表现增值曲线上扬，说明学生进步幅度再次加快，是典型的优质发展学校；D2校学生进入初中后迅速获得提升，之后两年持续保持高位状态，增值始终为正，可见该校的学生爆发力较强，增值稳定性较强，可强化品牌效应，值得进一步探秘。

（2）进步飞跃校分析，督导经验分享进步飞跃校是以Z分数为参考，观测三年来学生的持续增量，如4次增量全为正值，则判定为进步飞跃校。参考图2，D13学校和D8学校学生群体水平起点并不高，但透过三年的增值曲线，可以发现这两所学校的学生培养水平直线上升，最近的一次评测已超过全区平均水平，Z分数分别从入学起点的 - 0.250 375 734、- 0.169 762 566 上升至 0.059 137 34、0.040 127 399。无论同自己比，还是同其他学校比，都可看到这两所学校的巨大潜力。相比以往的评价，这两所学校应多督导经验分享。

2. 学校学科优势短板分析，分类调配师资

除概要性了解学校学业水平综合增值情况外，每个学校的学科增值表现也是帮助学校制定目标的一种抓手，可立足本校校情，横向分析优势和短板学科，针对优势学科进一步发扬和总结经验，针对薄弱学科分

析改进。本研究对F区38所初中校5次各学科的学生平均Z分数做了全面分析，表15-1是部分学校优势、薄弱学科一览表。

表15-1　B市F区部分学校优势、薄弱学科

学校	优势学科	J次数	学校	优势学科	M次数
E9	英语	3	D3	英语	4
D11	生物	3	D4	地理	3
E4	语文	3	D5	历史	3
D20	地理	3	E1	道德与法治	4
E3	历史	3	D7	数学	4
D9	道德与法治	3	D18	语文	3

备注：①J次数：该学科同本校其他学科相比，同一批学生该学科学业表现排首位的次数。

M次数：该学科同本校其他学科相比，同一批学生该学科学业表现排末位的次数。

②物理和化学学科由于评测次数较少，本次暂不计入。

（1）增强优势学科经验总结，促进教师定向轮岗从表1可看出，E9学校、D11学校、E4学校、E3学校、D9学校等校均有很显著的优势学科。这说明，针对同一批学生，这些学校相应学科教学水平高、学科教师优势明显。B市正在全面推进教师轮岗工作，基于学业评价大数据的循证轮岗可推进，在综合分析各学校优势和短板的基础上进行教师配置。如D20学校和D4学校的地理学科，既有学科上的互补性，又有地理位置上的便利性。针对地理位置不相近的，也可以从全区整体调配。

（2）关注薄弱学科成因分析，促进区级教研视导表1所呈现的优势、薄弱学科为区级教研视导提供了参考，通过各校三年来的年发展性评价数据，可指引初三年级学科教研视导工作。如表1所示，D3学校的英语、E1学校的道德与法治、D7学校的数学有4次均处于本校的弱势，充分说

第十五章 数据支撑的区域教育治理

明该学科短板明显，可探寻适合的精准教学管理方式，制定合适的教育管理策略。在这些学校教研视导，开展相应学科的针对性教研，可增强学校对该学科的重视，指引全区各校薄弱学科定向改进。

（二）增值评价治理教师，实现分类定向研训

教师队伍建设一直是区域治理的关键领域，区域各类教师培训较多关注新入职教师和业务骨干教师，教师如果既不是新入职，也不是骨干，他们的教学理念将长期得不到更新，接受培训的机会较少。增值性教师评价是以关注学生分数的进步情况，运用数据加以辅助，对教师进行评价的方法。通过增值评价可以找到最应该被关注的老师，为区域治理提供分类定向研训的依据。

1. 增值评价定位班主任，靶向关注班级管理

班主任负责整个班级的管理，学业成绩是评价班主任的重要模块，单纯从排名来分析显然对生源差异较大的班级不公平，可从增值角度看班级发展性变化。表2是以班级学生学业综合大数据为参考，计算班级成绩Z分数，再将后次数据和前次数据相减，即可得到全区每个班（三年内未分班）的增值数据，表15-2为部分学校部分班级的Z分数增值评价表。

表15-2 部分班级增值评价表

学校	班级	该班级全体学生 Z 分数增值			评价
		2020.10—2021.1	2021.1—2021.7	2021.7—2022.1	2022.1—2022.7	
E14	2020级（3）班	0.036 839 039	0.009 706 244	0.036 132 638	0.019 093 36	进步飞跃
D13	2020级（4）班	0.053 876 185	0.074 848 1	0.124 704 642	0.032 430 278	进步飞跃
E15	2020级（1）班	0.046 111 121	0.008 085 072	0.003 861 844	0.015 617 281	进步飞跃
E15	2020级（6）班	-0.068 820 229	-0.000 861 827	-0.056 990 695	-0.018 337 414	退步预警
D4	2020级（2）班	0.080 919 914	-0.186 949 245	-0.030 383 49	-0.166 090 155	退步预警
D6	2020级（2）班	-0.246 143 173	-0.027 490 641	-0.070 270 286	-0.090 692 425	退步预警

从表 2 中的数据可看出，E14 学校 2020 级（3）班、D13 学校 2020 级（4）班、E15 学校 2020 级（1）班 Z 分数增值持续为正，是地区的进步飞跃班级，而 E15 学校 2020 级（6）班、D4 学校 2020 级（2）班、D6 学校 2020 级（2）班则连续增值为负，即每次该班学业表现同全区群体相比持续下滑。通过增值评价，可以了解到全区每个班级的增值情况，对位到班级，配对班主任后，学业表现即可作为评价班主任的一项参考要素，可以在一定程度上实现定向关注和科学调整。上述信息能帮助区域决策者认识全区的班级整体情况，可跳出"只见其校，不见其班"的固有认识，关注到班主任的精准研训，帮助班主任全面分析班级学业，从班级文化、家庭教育、教学改进等方面共同着力。

2. 增值评价定位学科教师，明确人群精准研训

教师的评价经常与毕业班评测挂钩，面向教师的增值评价，希望关注到的不只是毕业班的教师，而是立足学生三年发展来看教师任教班级的整体增量表现。将 F 区 180 个班级的各学科学生全体平均 Z 分数进行计算，可以发现每个班级两年以来的增值情况，可以将某个学科的成绩和总成绩对比，来判断某个学科的贡献，并可根据学业表现倒推任教学科教师，关注具体学校、具体班级、具体学科的改进。

研究关注到波动发展校、进步飞跃校和退步预警校，三类不同的学校的班级进步情况也各有不同。E14 学校作为学业表现波动发展学校，针对 2020 级学生，1 班和 3 班是进步飞跃班级，地理学科为 2 个班的飞跃贡献度较高，2 班的生物、3 班的历史也是两年以来持续增值的学科，相应的学科教师值得被表扬，而 3、4 班的语文和 4 班的英语在九年级的复习上需要重点关注和投入，增值持续为负，压力较大。D8 学校为本区进步飞跃校，其 2020 级学生连续 4 次全校增值为正，究其背后数据，主要由 1、2、4 班贡献，而学科增值最显著的是数学学科，地理、道德与法治和生物也在不同班级呈现出进步飞跃。

基于上述分析，教师研训内容精准性可结合学业表现确定。整个班

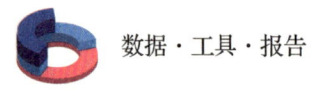

级有进步、具体学科有退步的，要在校内强化该学科教师的管理和教学方法；整个学校有进步、具体学科也进步的，要及时鼓励该学科教研组，强化该校相关学科教师专项示范课教研；整个学校有退步，具体学科退步更突出的，要增强"诊断性"教研，全面分析退步原因，通过教研带动，改进该类教师的教学水平。总之，依托学生学业增值数据进行教师指导，可增强教师群体的精准研训。

（三）增值评价治理学生，带动学生分层指导

在每个教师的心里都有一杆评价学生的秤，只有"称"准了，教师才能因材施教。教师可以参考每个学生的学业大数据，判断学生的学业增值点。研究将成绩连续两年一直靠前的学生列为高位保持学生，将三年平均 Z 分数连续递增的列为进步飞跃学生，将总成绩处于中等分数段和低分数段但学科成绩始终保持在高位的列为学科特长生，尝试通过增值分析建立每个学生的成长档案，为精细管理提供支持。

从发展性视角分析学生，每个学生都会有一个学科水平成长线路，比如 E16 学校的梁同学成绩中等，但数学学科始终保持高位，在学科优势上明显；E14 学校的柴同学是优生中，进步飞跃学生，数学学业表现相比自己其他学科也是最强的；E5 学校的卢同学虽为持续进步学生，但也是数学学业比较突出的学优生。学生成长过程中，教师可以多为此类学生提供数学学科扬长类活动，通过优势学科带动弱势学科发展。在成绩较弱但是有学科特长的学生中，班主任家访时可以结合学生的相对优势学科开展访谈，给学生信心。针对未有学科特长但持续进步的同学，则可全面肯定其表现；针对高位保持学生，则可以多关注，谨防其下滑或波动；针对非高位学生，也暂未呈现出学科特长的学生，只要有进步，则要多给予其信心，肯定其努力，表扬其进步。

总之，通过增值评价，可发现个体学生更深层次的信息，鼓励区域推进校级精细分层治理，为不同类别的学生提供针对性指导。

四、增值评价支撑区域教育治理的研究小结与反思

目前，我国的增值评价研究较为缺乏应用导向的评价，本研究分析结果已应用到F区，并依托数据指导新阶段的治理工作，包括定向视导、学校考核、教师调整、学生培养等。增值评价的落地仍需要更长时间，研究从增值评价学校、教师、学生层面做了初步探索，以智能化技术为方法计算区域管理的重点对象，为循证治理探寻了方法。增值评价分析可发现大数据背后的一些深层次的问题，帮助决策者走出经验认知，关注循证治理。后续依然要从治理"人""事""法"等方面深入研究，尝试利用增值评价建设区域数据流转规范，探索区域协同治理机制。

参考文献

[1] 中共中央，国务院. 深化新时代教育评价改革总体方案[EB/OL].（2020-10-13）[2022-08-0].http://www.moe.gov.cn/jyb_××gk/moe_1777/moe_1778/202010/t20201013_494381.html.

[2] 教育部. 关于印发义务教育课程方案和课程标准（2022年版）的通知[EB/OL].（2022-04-20）[2022-09-10].http://www.moe.gov.cn/srcsite/A26/s8001/202204/t20220420_619921.html.

[3] 李晓庆，郭冬红，李珍琦. 区域教育大数据系统化应用的三年研究与实践：以北京市房山区为例[J]. 数字教育，2021，7（4）：65-72.

[4] 马晓强，彭文蓉，托马斯. 学校效能的增值评价：对河北省保定市普通高中学校的实证研究[J]. 教育研究，2006（10）：77-84.

[5] 邵越洋，刘坚. 增值评价：关注学校为每一位学生的成长助力：以北京市某区教育实证数据为例[J]. 中国考试，2020（9）：40-45.

[6] 肖娟. 基于区域质量监测数据的学业增值评价：以贵州省中部地区某市为例[J]. 安顺学院学报，2021，23（3）：67-71.

[7] 雷晓艳. 美国中小学增值评价改革的经验及启示[J]. 教学与管理，2021（21）：121-124.

[8] 杜晓梅，郝春东. 对中小学生进行增值评价的探究[J]. 教育教学论坛，2021（29）：13-16.

[9] 余胜泉，李晓庆．基于大数据的区域教育质量分析与改进研究[J]．电化教育研究，2017，38（7）：5-12．

[10] 辛涛．"探索增值评价"的几个关键问题[J]．中小学管理，2020（10）：1．

[11] 吴小凡，赵磊磊，赵可云．人工智能赋能中小学精准教学的现实价值与基本路径[J]．数字教育，2022，8（4）：24-30．

[12] 严贺．运用考试分数增值评价教师学科教学成绩的策略研究[D]．长春：东北师范大学，2011．

[13] 吴砥，陈敏．教师数字素养：教育数字化转型背景下的教师发展重点[J]．中国信息技术教育，2023，404（5）：4-7．

[14] 张燕南，赵中建．大数据时代思维方式对教育的启示[J]．教育发展研究，2013，33（21）：1-5．

[15] 龚春燕，何怀金，贾玲，等．重庆模式：大数据评估促进教育决策科学化[J]．中小学管理，2015，297（8）：7-10．

[16] 黄光扬．教育统计与测量评价新编教程[M]．2版．上海：华东师范大学出版社，2020．

[17] 李萍，张勇健，陈略韬，等．数据循证支持的高中教育质量发展性评价：基本内涵、模型构建与实践探索[J]．现代教育技术，2022，32（8）：75-82．

[18] 燕国材．非智力因素与教育改革[J]．课程．教材．教法，2014，34（7）：3-9．

[19] 吴佳萍，王竹萍，杨欢笙．教育大数据的收集、数据质量分析及数据预处理研究[J]．宁波教育学院学报，2016，18（6）：62-65．

[20] 邢蓓蓓，杨现民，李勤生．教育大数据的来源与采集技术[J]．现代教育技术，2016，26（8）：14-21．

[21] 李葆萍，周颖．基于大数据的教学评价研究[J]．现代教育技术，2016，26（6）：5-12．

[22] 覃明勇．"数据+证据"：中小学教育质量综合评价的呈现与表达方法[J]．广西教育学院报，2014（6）：196-199．

[23] 章怡，牟智佳．电子书包中的教育大数据及其应用[J]．科技与出版，2014（5）：117-119．

[24] 陈然, 杨成. 量化自我: 大数据时代教育领域研究新机遇[J]. 现代教育技术, 2014（11）: 5-11.

[25] 方海光. 教育大数据: 迈向共建、共享、开放、个性的未来教育[M]. 北京: 机械工业出版社, 2016.